LEVANTE DO SUL:

DECOLONIALIDADE LATINO-AMERICANA

Conselho Editorial

FELIPE LABRUNA

LEVANTE DO SUL: DECOLONIALIDADE LATINO-AMERICANA

MATRIOSKA
EDITORA

Publisher – Editorial: Luciana Félix
Publisher – Comercial: Patrícia Melo
Copidesque e preparação de texto: Ana C. Moura
Revisão: Equipe Matrioska Editora
Editoração e capa: Marcelo Correia da Silva

Matrioska Editora
Atendimento e venda direta ao leitor:
www.matrioskaeditora.com.br
contato@matrioskaeditora.com.br
facebook.com/matrioskaeditora
instagram.com/matrioskaeditora

Dados Internacionais de Catalogação na Publicação (CIP)
(Câmara Brasileira do Livro, SP, Brasil)

Labruna, Felipe
Levante do Sul : decolonialidade Latino-americana / Felipe Labruna. -- 1. ed. -- São Paulo : Matrioska Editora, 2023.

Bibliografia.
ISBN 978-65-84999-01-5

1. America Latina - Civilização 2. America Latina - Cultura 3. Colonização - Aspectos sociais 4. Decolonialidade 5. Direitos humanos 6. Relações étnico-raciais I. Título.

23-146005 CDD-305.098

Índices para catálogo sistemático:

1. América Latina : Sociologia 305.098

Aline Graziele Benitez - Bibliotecária - CRB-1/3129

Impresso no Brasil
2023

Dedico este estudo à Elsa Lauro Labruna, minha querida avó paterna, matriarca da família, que nos deixou este ano, prestes a completar 98 anos de idade, e que me presenteou por toda a vida com lições de sabedoria. Já estamos com muitas saudades!

Também ofereço este trabalho a todos os latino-americanos que de alguma forma se sentem oprimidos pelo etnocentrismo europeu. Afinal, este nos silencia e nos ofusca há pelos menos 530 anos. O Sul do mundo sempre foi e será o nosso norte.

AGRADECIMENTOS

Agradeço em primeiro lugar aos meus pais, João Carlos e Sandra, pela excelente criação e por toda a educação que me ofereceram. Também sou grato ao Tribunal de Justiça do Estado de São Paulo por me proporcionar um emprego digno que me garante a sobrevivência e possibilita que eu prossiga os estudos. A seguir, manifesto minha mais profunda gratidão ao Prof. Dr. Alvaro Luiz Travassos de Azevedo Gonzaga, meu orientador e mentor intelectual, que tanto me ensina diariamente e viabiliza meu desenvolvimento acadêmico. Igualmente agradeço aos professores do programa de pós-graduação em Direito da PUC/SP, em especial Dra. Clarice von Oertzen de Araujo, Dr. Cláudio de Cicco, Dr. Celso Fernandes Campilongo, Dr. Miguel Horvath Junior, Dr. Marcio Pugliesi e Dr. Willis Santiago Guerra Filho. Por fim, deixo meus agradecimentos aos colegas do mestrado em Direito pela PUC/SP, em particular meus companheiros de produções científicas, Vitor Goulart Nery, Gisele Pereira Aguiar, Marco Aurelio Barreto Lima e Jéssyca Verucy Ribeiro Barbosa.

APRESENTAÇÃO

A pluralidade e a complexidade que se estabeleceram em cada um dos países que compõem a América Latina, a partir do processo de colonização europeia, com base na diáspora forçada de africanos escravizados, encontraram resistência no elemento indígena. O mosaico étnico e racial construído mediante o processo colonizador possibilitou trocas, construções e ressignificações culturais, não sem tensões e hierarquizações, nas quais o europeu se sobrepôs aos grupos indígenas e africanos. Nesse sentido, o livro de Felipe Labruna, *Levante do Sul: decolonialidade latino-americana* nos presenteia com análise crítica e sensível acerca das problemáticas que se seguiram no pós-emancipação, período no qual indígenas foram postos à margem da sociedade brasileira, embora fossem – e ainda sejam – os "donos da terra". Mobilizando o conceito de *decolonialidade*, o autor, por meio de rigor teórico e metodológico, evidencia o quanto foi significativo esse processo nas construções e ressignificações de culturas que interferiram diretamente nos Direitos Humanos e em sua aplicabilidade.

O autor explicita o modo pelo qual a colonização do século XVI afetou a América Latina, ao não reconhecer os povos originários como sujeitos de plenos direitos: segundo ele, trata-se do modo pelo qual "o continente latino-americano estabelece um amálgama, originada de um agrupamento de heranças comuns enunciado pelo multiculturalismo de seus povos", sendo essa heterogeneidade "resultado do método histórico-estrutural determinado pela colonização (...) e característica da feição étnico-cultural dos povos originários". A conexão estabelecida por Labruna entre os diferentes países colonizadores e os efeitos de sua dominação no continente latino-americano destaca a forma como os povos originários, suas tradições e sua organização social, política e cultural foram "menosprezados e ofuscados", o que contribuiu com a consolidação da hegemonia europeia. "Tal sistema civilizatório projetou-se como um poderoso símbolo dos requisitos e princípios basilares da sociedade liberal moderna sobre a pessoa humana, o meio ambiente, a História, bem como sobre o conceito de progresso e de conhecimento".

Ao apresentar o imperativo de ler, pensar e auscultar o continente americano a partir de sua própria história, Felipe Labruna demonstra a relação dialógica entre a colonização e a sociedade atual por meio das desigualdades social, econômica, cultural e política, tendo por base a articulação de três elementos, quais sejam, "o enfoque cultural, os semblantes sociais decorrentes do ínterim da colonização e a maneira de sua introdução econômica no cenário mundial". Analisando o cenário político e econômico constituído a partir da colonização, o autor mobiliza o conceito de branquitude, numa argumentação fina e potente acerca do *modus operandi* da elite brasileira, que se assentou nos paradigmas da eugenia acerca do sujeito ocidental, decorrendo daí "modos de vida assentados em propósitos e predileções eurocêntricas brancas, que se repetem no modo como os brasileiros se tratam e lidam entre si". Não por acaso, o racismo e o sexismo crescem e, violentamente, denotam-se elementos perceptíveis na maneira como a sociedade naturaliza que determinados grupos tenham acesso às instituições e lugares de poder, em detrimento de outros, de sorte que, chama a atenção o autor, é necessário mobilizar dois conceitos na análise de tal realidade construída: raça e classe.

A obra apresentada é, então, de grande relevância para acadêmicos e para a população de modo geral. A sensibilidade do autor se apresenta em todo o livro, na forma como analisa e perscruta o *lócus de enunciação*, no qual indivíduos brancos, mesmo sendo os que detêm o poder econômico, político e cultural, podem e devem contribuir para o processo de ressignificação de olhares acerca dos corpos negros e indígenas, principalmente ao reconhecer que "o pensamento de um branco sobre o racismo é compreender sua função, indagar sua realidade e, partindo do seu próprio 'lócus de enunciação', utilizar seus instrumentos para combatê-lo". Aceitar o convite feito por Felipe Labruna significa sublinhar nosso papel enquanto membros de uma sociedade pautada no poder do colonizador, destacando o modo como podemos intervir por meio de nossas aulas, falas e atitudes concretas no cotidiano, para desconstruir narrativas que marginalizam povos originários e afrodescendentes.

Que a leitura desta obra possa contribuir para a autorreflexão de indivíduos negros e não negros – ambos latino-americanos – e para o desmantelamento das estruturas hegemônicas de poderes excludentes, de modo que, em um futuro não muito distante, possamos ter, de fato, uma sociedade equitativa, igualitária e democrática. Que os Direitos Humanos clássicos possam deixar de ser mobilizados seletivamente e não sejam mais negligentes com a população indígena e negra, como defende Felipe Labruna. Boa leitura!

Rio de Janeiro, 15 de junho de 2022.

Profa. Iamara da Silva Viana

Doutora em História Política pela Universidade do Estado do Rio de Janeiro-UERJ, com pós-doutorado em História pelo PPGHC/UFRJ e estágio na École des Hautes Études en Sciences Sociales (EHESS/Paris). Mestre em História Social pela Faculdade de Formação de Professores da Universidade do Estado do Rio de Janeiro (UERJ). Especialista em História do Brasil (UERJ). Bacharel e licenciada em História pela Universidade Federal do Rio de Janeiro (UFRJ).

PREFÁCIO

Para um Levante, precisamos subalternizar as caravelas da História.

O que são privilégios?

Em um país como o Brasil, alguns podem buscar relativizar quais dos mais de 200 milhões de brasileiros fruem de privilégios.

Certamente os privilégios não estão somente nos títulos, mas na epiderme social que exige, para sua inclusão, elementos dos Direitos Humanos ocidentais e eurocêntricos, quais sejam: os direitos de homens, brancos, heterossexuais e economicamente ativos.

E como descolonizar, decolonizar ou mesmo descaravelizar esses pensares? Será que as únicas vozes que podem ecoar são aquelas que julgam existir apenas um lócus da enunciação? Ou será que no pluripensar encontramos TRANSformações BIlaterais, LeGAis e INTER-relacionadas?

Como será que os privilégios eram tratados em um colégio de ponta na cidade de São Paulo, na década de 1990, e nas faculdades de Direito, no começo desse milênio? Agora junte nesse caldeirão uma pessoa que trabalha em funções do mais alto galardão! Acabou?

Ainda não. ESsa pessoa responde às expectativas sociais fenotípicas dos que ainda não se descaravelizaram.

Enfim, referencio aqui o autor Felipe Labruna, que apresenta à comunidade acadêmica seu trabalho *Levante do Sul: decolonialidade latino-americana*. Trata-se de uma obra importante, que se enfileira nas estantes virtuais e se apresenta como leitura necessária a ficar em nossas prateleiras.

O trabalho demandou do autor processos catárticos de reconstruções de dimensões e preconceitos que temos em nós. Aliás, essa investigação colocou seu orientador, que prefacia esta obra, em profundos debates e inspirou, junto a um grupo de uma nova lavra de juristas, reflexões sobre sua dimensão, cosmovisão e ancestralidade.

Nesse grupo, de Vitors, Giseles, Rafaéis, Marcos, Maris, Julianas e Júlios, advogou-se, com ideias antidiscriminatórias, a possibilidade de construirmos a primeira pós-graduação do país sobre um Direito Antidiscriminatório e uma coleção magnífica publicada pela pioneira Editora Matrioska, que nos presenteia com a obra aqui em comento.

Felipe Labruna nos trouxe uma certeza: é possível que os privilegiados enunciem as próprias posições, lutem pela desconstrução infausta de seus preconceitos. Ainda que não consigamos nos delinear como seres perfeitos, devemos subalternizar a discriminação nas mais variadas facetas, para que então tenhamos um levante não do mundo, mas de nossa Pachamama nesta pátria grande.

De tudo, temos muitas perguntas, dúvidas e caminhos diversos percorridos. Mas nós nos encontramos nas certezas, e esses passos, quando feitos juntos, são bem mais fortes para o caminho da vitória!

São Paulo, 22 de junho de 2022.

PROF. ALVARO DE AZEVEDO GONZAGA

Livre-docente em Filosofia do Direito pela Pontifícia Universidade Católica de São Paulo (PUC/SP). Tem pós-doutorado em História pela Universidade Federal da Grande Dourados (UFGD), além de pós-doutorados na Faculdade de Direito da Universidade Clássica de Lisboa e na Universidade de Coimbra. É doutor, mestre e graduado em Direito pela PUC/SP. Graduado em Filosofia pela Universidade de São Paulo (USP). Professor concursado da Faculdade de Direito da PUC/SP, tanto na graduação como na pós-graduação stricto sensu.

SUMÁRIO

1.

INTRODUÇÃO

A América Latina, também chamada em espanhol de *Latinoamérica* e em francês de *Amérique Latine*, é uma região do continente americano que abrange os países onde são faladas, essencialmente, línguas românicas (oriundas do latim), no caso: o espanhol, o português e o francês, tendo em vista que, em termos históricos, este território foi majoritariamente controlado pelos impérios coloniais espanhol e português e, em menor parte, pelo francês. A região tem uma extensão por volta de 21.069.501 km², o que equivale a aproximadamente 3,9% da superfície do globo terrestre, ou então a 14,1% de sua superfície emersa. No ano de 2006, seu contingente populacional foi estipulado em mais de 569 milhões de habitantes.[1]

[1] SADER, Emir (org.). *Enciclopédia contemporânea da América Latina e do Caribe*. São Paulo: Boitempo Editorial, 2006.

Os demais países do continente americano que não pertencem à América Latina tiveram uma colonização em maior parte desempenhada por povos europeus de tradição anglo-saxônica ou neerlandesa. Nesse caso, convém salientar determinadas exceções, como é o caso de Québec, que não é um país independente, e sim uma província com maioria francófona, pertencente ao Canadá; igualmente colonizado por franceses, há também o estado da Luisiana, que faz parte dos Estados Unidos da América, além dos estados do sudoeste deste último país, que sofreram colonização espanhola.[2]

A América Latina abrange quase totalmente a soma da América do Sul com América Central, com a exceção dos países sul-americanos da Guiana e do Suriname e dos países centro-americanos de Belize e da Jamaica, os quais falam idiomas germânicos. Também fazem parte da América Latina alguns países da chamada América Central Insular, que são aqueles formados por ilhas e arquipélagos atingidos pelo Mar do Caribe, como é o caso de Cuba, Haiti e República Dominicana. Da América do Norte, somente o México é entendido como integrante da América Latina. Nesse sentido, a região latino-americana abrange 20 países, quais sejam, em ordem alfabética: Argentina, Bolívia, Brasil, Chile, Colômbia, Costa Rica, Cuba, El Salvador, Equador, Guatemala, Haiti, Honduras, México, Nicarágua, Panamá, Paraguai, Peru, República Dominicana, Uruguai e Venezuela.[3]

Os atributos mais significativos de referida região são a particularidade da colonização que ela sofreu e a desigualdade de cunho econômico e social em dimensões não achadas em outros locais do globo. No que tange à sua colonização, cuja origem é ibérica (portuguesa e espanhola), houve o aporte cultural dos escravos indígenas e negros, além da influência das potências europeias do período, Inglaterra e França, e de diversos fluxos migratórios. No caso

[2] COLBURN, Forrest D. *Latin America at the end of Politics*. New Jersey: Princeton University Press, 2002.

[3] SADER, op. cit.

dos afrodescendentes e indígenas, seu influxo subsistiu em maior ou menor medida consoante as circunstâncias de sobrevivência que lhes foram impostas. A composição colonial latino-americana transpassou, sob o formato de multiplicidade étnica, não apenas basilarmente o seio de cada nação, mas também entre os vários países entre si.

As identidades indígena, africana e europeia se compuseram de modo distinto, fazendo com que cada nação se identificasse mais com um ou outro primórdio. Exemplificativamente, nos países andinos e da América Central, a colaboração cultural e étnica prevalecente é a dos coletivos indígenas, ao passo que, no Brasil, em Cuba e no Haiti, a influência africana é mais significativa. Já nos países do chamado "Cone Sul", a mescla dos grupos europeus com os indígenas, e em menor parte com os afrodescendentes, é mais preponderante. Desse modo, o continente latino-americano estabelece uma amálgama, originada de um agrupamento de heranças comuns enunciado pelo multiculturalismo de seus povos. Essa heterogeneidade é resultado do método histórico-estrutural determinado pela colonização e é característica da feição étnico-cultural dos povos originários.[4]

Na América Latina, por meio do intento de colonização ocidental com valores de "progresso" e "modernização", os costumes e as populações preexistentes foram menosprezados e ofuscados, consolidando a Europa como o cerne da cultura e do conhecimento do mundo, implantando-se o paradigma hegemônico. Tal sistema civilizatório projetou-se como um poderoso símbolo dos requisitos e princípios basilares da sociedade liberal moderna sobre a pessoa humana, o meio ambiente e a História, bem como sobre o conceito de progresso e de conhecimento. Nesse cenário, os povos originários foram marginalizados, do mesmo modo que suas tradições

[4] MENDONÇA, Luiz Jorge V. Pessôa de. América Latina: da desigualdade social à desigualdade econômica. *Argumentum*, v. 1, n. 1. Vitória: Universidade Federal do Espírito Santo – UFES, 2009.

e seu estilo de vida foram entendidos como selvagens, bárbaros, inferiores e defasados.[5]

É preciso esclarecer a desigualdade no continente latino-americano partindo de sua própria História. A elucidação do subdesenvolvimento não pode se pautar em paradigmas escusos à edificação e reprodução da composição social e política singular da região. As disparidades econômicas e sociais verificadas no decorrer da História são manifestações de um mesmo processo, cujo entendimento exige a articulação de três componentes particulares da América Latina: o enfoque cultural, os semblantes sociais decorrentes do ínterim da colonização e a maneira de sua introdução econômica no cenário mundial.[6]

A colonização e o pensar oriundos da Europa deixaram de herança aos povos originários da América Latina não apenas o rastro da dependência econômica, mas a carga de uma influência intelectiva e uma massa cultural imposta que, juntamente da propriedade privada, afeiçoaram toda a nossa estruturação econômico-social. Por outro lado, nas últimas décadas, um grupo heterogêneo de forças políticas que se apresentava como alternativa ao neoliberalismo, com uma protuberante liderança de levantes sociais, reassume as lutas pela emancipação das etnias, pela autonomia nacional e pelo respeito, ao lado de uma reivindicação pela decolonização através dos meios democráticos. Transformações políticas trazem à tona novos pontos teóricos para se refletir sobre a América Latina atual, rememorando as questões da identidade e da multiculturalidade, ao mesmo tempo que se busca um paralelo entre a História latino-americana e a origem excludente dos nossos Estados, assim como se indaga sobre a herança colonial nos modelos de poder do presente.

[5] SILVA, Rosana de Paula Lavall da; CAOVILLA, Maria Aparecida Lucca. A América Latina e os povos originários: sequelas da colonização. *Revista Direito e Justiça*: Reflexões Sociojurídicas, v. 18, n. 30. Santo Ângelo: Universidade Regional Integrada do Alto Uruguai e das Missões – URI, 2018.

[6] MENDONÇA, op. cit.

Parcela da epistemologia social latino-americana e seus teóricos vêm demandando na atualidade o que se chama de "giro decolonial", ou seja, uma ruptura com o ocidental-centrismo e seus efeitos no saber, uma reivindicação que se ergue pela ampliação da expressão pós-colonial e dos estudos subalternos em uma perspectiva insurgente. Os estudiosos e militantes dessa vertente sugerem uma nova dimensão teórica, oriunda dos inferiorizados e marginalizados, como relevante contribuição à discussão acadêmica. A colaboração basilar da linha de pensamento decolonial é a crítica substancial e arrojada da cosmovisão ocidental-centrista que reabilita a construção teórica latino-americana.[7]

7 AGUIAR, Jórissa Danilla Nascimento. Teoria pós-colonial, estudos subalternos e América Latina: uma guinada epistemológica?. *Estudos de Sociologia*, v. 21, n. 41. Araraquara: Universidade Estadual Paulista – UNESP, 2016.

2.

SOBRE O "LÓCUS DE ENUNCIAÇÃO"

O Brasil é um país caracterizado por um grande leque cultural radical, com simultânea heterogeneidade de etnias. O modelo de subjugação étnico-ocidental é o da branquitude eurocentrista, partindo de uma concepção colonialista do homem branco ocidental. É como se o Ocidente representasse o indivíduo branco absoluto ou, inversamente, como se a branquitude retratasse de forma absoluta o oeste. Nesse passo, a branquitude tratou de representar o Ocidente absoluto, dotado de primor eugênico e antropológico do sujeito ocidental. Tal paradigma foi assimilado pelas elites brasileiras, e mesmo os valores que pautaram a Proclamação da República, em 15 de novembro de 1889, basearam-se nas convicções eugênicas europeias. Desde que o Brasil foi "descoberto" pelos europeus, decorrem modos de vida assentados em propósitos e predileções eurocêntricas brancas, que se repetem no modo como os brasileiros se tratam e lidam entre si.[8]

A expressão "minorias" tem sido utilizada com frequência pela militância de coletivos excluídos. Usualmente se questiona a feição quantitativa do termo, que, em suma, não confirmaria, do ponto de vista estatístico, a realidade do país ao dizer respeito, por exemplo, ao gênero feminino ou às etnias afrodescendentes. Então, salienta-se que essa palavra não diz respeito a uma denominação numérica, e sim a pessoas que detêm a minoria do poder e da influência em uma sociedade. Dito isso, uma abordagem mais literal sobre a expressão "minorias" poderia arguir que um atributo quantitativo pode ser admitido levando-se em conta ambientes de inclusão e de privilégio. Assim, de maneira estrutural, a sociedade acaba por aceitar naturalmente que ocorram áreas de domínio preponderante de certos conjuntos sociais, como círculos representativos institucionais, cargos de direção e de gestão administrativa de corporações e demais campos privilegiados tanto no acesso ao consumo quanto no alcance ao conhecimento, caso de universidades, institutos de pesquisa e polos de gestão de informações, como entidades de mídia e de jornalismo.[9]

Dirceu Siqueira e Lorenna Castro apresentaram uma pequena diferenciação entre os termos "vulneráveis" e "minorias" que merece ser destacada:[10]

[8] SODRÉ, Muniz. Do lugar de fala ao corpo como lugar de diálogo: raça e etnicidades numa perspectiva comunicacional. *Revista Eletrônica de Comunicação, Informação e Inovação em Saúde*, v. 13, n. 4. Rio de Janeiro: Fundação Oswaldo Cruz – Fiocruz, 2019.

[9] TORQUATO, Chalini. Minorias, lugar de fala e direito à comunicação na mídia: entre o ativismo pela cidadania e a mercadorização de pautas sociais. *Intexto*, n. 52. Porto Alegre: Universidade Federal do Rio Grande do Sul – UFRS, 2021.

[10] SIQUEIRA, Dirceu Pereira; CASTRO, Lorenna Roberta Barbosa. Minorias e grupos vulneráveis: a questão terminológica como fator preponderante para uma real inclusão social. *Direitos Sociais e Políticas Públicas*, v. 5, n. 1, p. 110. Bebedouro: Centro Universitário Unifafibe, 2017.

> Na prática, tanto os grupos vulneráveis quanto as minorias sofrem discriminação e são vítimas da intolerância, motivo que nos levou, no presente estudo, a não nos atermos a diferença existente. Essa ausência de diferenciação acaba por obstar a devida compreensão do tema, este que se traduz em uma delicada situação de desigualdades, devendo, portanto, ser tratado com uma extrema cautela para não despertar medidas além ou aquém.
> [...]
> Grupos vulneráveis: não há uma identidade, um traço em comum entre os indivíduos como fator que os atraem; são grupos compostos pela sociedade de uma maneira geral. A exemplo, consumidores, litigantes, sindicatos, deficientes, o acusado penal. Compreende-se que são indivíduos suscetíveis de ser feridos, ofendidos ou atacados.
> Minorias: traço cultural comum presente em todos os indivíduos, originando grupos específicos, são sujeitos ligados entre si, daí a denominação "minoria" [como especificação]. Entretanto, nem sempre diz respeito a um grupo que possui o menor número de pessoas, pelo contrário, por vezes são numerosos. A exemplo, indígenas, homossexuais, negros, crianças, idosos.

Muitas vezes, o empenho do pensamento de esquerda, ao favorecer o panorama analítico da luta de classes para o entendimento de nossos antagonismos sociais, acaba por deixar de lado as desigualdades raciais, ofuscando a realidade de a raça social e culturalmente erguida ser primordial na composição estrutural de classes no Brasil. Tal inscrição e vinculação da questão racial no seio da luta de classes acabam por inspirar concepções militantes que almejam manejar raça e classe como componentes estruturantes dos desequilíbrios sociais brasileiros. Tais desequilíbrios, analisados por sociólogos e economistas, são tantos que podemos dizer que vivemos em um país apartado racialmente.

Com efeito, as desigualdades nos Índices de Desenvolvimento Humano entre negros e brancos demonstram que a parcela da população brasileira autodeclarada branca exibe, em seus marcadores socioeconômicos (renda, expectativa de vida e educação), taxas de desenvolvimento humano similares aos de países como a Bélgica, ao passo que a parcela populacional autodeclarada negra (pretos e pardos) exibe Índice de Desenvolvimento Humano menor que o de vários países emergentes, como a África do Sul, que há menos de três décadas aboliu, ao menos institucionalmente, o regime do *apartheid*. Nesse sentido, a Sociologia e a Economia são ramos do conhecimento que vêm erguendo uma nova perspectiva sobre a relevância da questão racial na composição das disparidades sociais, tornando-a elemento estruturante para o entendimento e erradicação da problemática social no Brasil.[11]

É em decorrência de uma conjuntura alicerçada em uma consciência de branquitude eurocentrista que se originam, em grande proporção, as celeumas de execração e de aproximação nas interações coletivas. O modelo de escravismo está enraizado na estrutura social brasileira e, em realidade, ainda não houve aqui uma real abolição dos indivíduos historicamente subjugados. O que ocorreu em 13 de maio de 1888 foi uma abolição de mero cunho jurídico-político, porque até hoje não se aboliu a escravidão no molde social brasileiro. Por molde social, entende-se aqui como a forma como a sociedade se estrutura interna e externamente, e essa noção engloba uma concepção a respeito da interioridade dos indivíduos, ou seja, os meios viáveis de compreender e de enxergar o próximo. Nesse sentido, cada um interage com o outro partindo de suas abstrações, de seus anseios e de seus sentimentos.

Pode-se partir da compreensão de que a experimentação social no mundo é deveras mais ampla e múltipla do que o costume científico ou filosófico do Ocidente tem conhecimento e entende ser relevante. Afinal, a leitura do mundo ultrapassa o discernimento ocidental do globo, e devemos buscar realizar, então, um reconhecimento emancipatório baseado na refutação de tudo aquilo que veio de forma imposta: assim, podem-se obter múltiplos significados praticáveis dos conteúdos de conhecimento. Nesse sentido, devemos buscar

[11] CARNEIRO, Sueli. *Racismo, sexismo e desigualdade no Brasil*. São Paulo: Selo Negro, 2011.

provocações e alcançar o debate a respeito da noção de "raça", em seu sentido moderno, que, ao longo da História, foi usada como alicerce da colonialidade e do domínio mundial que enxergamos nos dias atuais.[12]

A concepção de "raça" engendrou a estrutura das relações sociais e concebeu, nas Américas, profusas identidades sociais que firmaram estratificações basilares de incorporação à dominação, como justificativa de um modelo de racismo e etnicismo. A definição de modelo/forma social é um entendimento exercitado pela Sociologia compreensiva e prevê que, em especial no Brasil, não se podem ver objetivamente de fora os tratos sociais; é preciso enxergá-los também por dentro, para compreender como os sujeitos se envolvem e de que forma se gostam ou se antipatizam. Nessa linha, a concepção de forma social exprime que a escravidão não acabou.[13]

O "lócus de enunciação" ou "*loci* de enunciação", tratado pela primeira vez por Walter Mignolo no início da década de 1990, e mais recentemente chamado por outros estudiosos como "lugar de fala" ou "lugar da palavra", pode ser entendido como o posicionamento em que cada pessoa passa a assimilar a sua adjacência. Por meio dessa compreensão, o indivíduo define entendimento sobre si próprio, e isso irá causar a produção de conhecimento, pois compreende que o mundo se desloca por valores que circundam etnia, gênero e estratos sociais. A fala gerada não está ligada ao empirismo, mas nessa ocasião é fundada em razão da classe e da situação social que o sujeito constitui. Afinal, essas categorias irão possibilitar, ou não, a obtenção de cidadania, não sendo resultado da experiência do indivíduo. O contraste que ocorre frequentemente entre "lócus de enunciação" e "qual o meu lugar nessa fala" leva a refletir que o falar não se limita à ação de proferir palavras, mas diz respeito à possibilidade de existir. Então, entende-se tomar o "lócus de

[12] QUIJANO, Aníbal. Colonialismo do poder, eurocentrismo e América Latina. *In*: LANDER, Edgardo (org.). *A colonialidade do saber*: eurocentrismo e ciências sociais – perspectivas latino-americanas. Buenos Aires: CLACSO Livros, 2005.

[13] SODRÉ, op. cit.

enunciação" como se posicionar para desmentir a historiografia costumeiramente conhecida e para contrapor a estratificação de saberes resultante da hierarquia de classes.[14]

A sociedade brasileira contemporânea ainda se mostra patriarcal, racista, LGBTQIA+fóbica e capacitista. No cerne de nossa composição social, as expressões que obtêm mais atenção e determinam mais rumos cinzentos são as dos homens brancos, cisgêneros, heterossexuais e com bom poder aquisitivo. Então, refletir sobre as direções das agendas minoritárias que são constituídas nesse cenário é ruminar, quase instantaneamente, sobre o ofuscamento e o silenciamento das vozes ofendidas. É nessa dimensão que surge a relevância de se assimilar e entender o "lócus de enunciação". Referida concepção emerge da emergência de se dialogar sobre estratificações e conceder voz a manifestações de grupos minoritários que não possuem vez nas conversações. Tal percepção emerge da tomada de consciência individual sobre "como estou inserido(a) nesta conjuntura social?", "qual é meu discurso e que tom estou transmitindo com ele? e "de que forma me posiciono perante as injustiças e acontecimentos em torno de mim?".[15]

Geralmente, o coletivo que obtém benefícios de seus privilégios na conjuntura social se enxerga como universal perante os diálogos e se refere aos grupos minoritários como especificidades ou como exceções. Assim, seus integrantes se enxergam como "normais", habituais, fontes de referência, enquanto a mulher, afrodescendente/indígena, homossexual e/ou pobre é encarada à margem. Dessa forma, ao se autodenominarem como normais, como exemplos, e ao indicarem atributos excludentes no(a) próximo(a), os coletivos sociais em posição de poder mostram que não se enxergam como

[14] NASCIMENTO, Gabriel. Entre o lócus de enunciação e o lugar de fala: marcar o não marcado e trazer o corpo de volta na linguagem. *Trabalhos em linguística aplicada*, v. 60, n. 1, Campinas: Universidade Estadual de Campinas – UNICAMP, 2021.

[15] SCHUCMAN, Lia Vainer. *Entre o "encardido", o "branco" e o "branquíssimo"*: raça, hierarquia e poder na construção da branquitude paulistana. Tese de Doutorado em Psicologia. São Paulo: Universidade de São Paulo – USP, 2012.

componentes integrativos de uma coletividade maior e, sobretudo, apontam sua incapacidade de raciocinar a respeito da forma como a imposição de seus próprios conceitos aflige os outros grupos sociais.

Junia Vilhena tratou sobre o ideal de branqueamento que foi imposto como sinônimo de pureza:[16]

> A história mostra-nos, através do racismo, do preconceito sexual e da indiferença face aos miseráveis, a facilidade com que se desumaniza o "diferente" ou "inferior" sem que nos sintamos minimamente responsáveis. [...] A brancura transcende o homem branco. Nada pode macular esta brancura que, a ferro e fogo, cravou-se na consciência negra como sinônimo de pureza artística, nobreza estética, majestade moral, sabedoria científica e etc. O belo, o bom, o justo e o verdadeiro são os brancos. [...]
> Neste sentido, a maioria da população brasileira, negra introjetou o ideal do branqueamento que não apenas interfere no processo de construção de identidade como na formação da autoestima geralmente baixíssima e na supervalorização idealizada da população branca.

É necessário entender que a importância do "lócus de enunciação" para uma pessoa é depreender seu posicionamento em meio ao corpo social e dialogar/atuar em conformidade com ele. Há diversas reflexões abertas partindo dessa percepção, que vão desde compreender que, para haver um oprimido, deve haver um opressor, de tal forma que, se existem privilégios, necessariamente há coletivos perdendo direitos, até ter autocrítica sobre as próprias ações e saber como atuar para atenuar e lutar em face de injustiças. Quando se fala que todo branco é racista, ao menos em desconstrução, é uma maneira de fazer com que o coletivo de pessoas brancas se perceba beneficiário dos sistemas opressores do contingente afrodescendente ou indígena. Então, é um incitamento

[16] VILHENA, Junia. A violência da cor: sobre racismo, alteridade e intolerância. *Revista Psicologia Política*, v. 6, n. 12, p. 3-4. Porto Alegre: Associação Brasileira de Psicologia Política – ABPP, 2006.

necessário para que os brancos tenham plena noção da posição em que se encontram.[17]

Muitos bradejam e demonstram contrariedade em se reconhecer como privilegiados inatos porque não são aptos a se verem como um grupo, e sim como representantes do que deveria ser o normal para eles. Não desejam ser associados a coletivo algum, ao passo que apontam para as demais pessoas e para as suas diferenças de tal maneira que as inserem em grupos. Assim, "lócus de enunciação" é algo distinto de representatividade. Afinal, um homem branco com traços caucasianos como eu, discorrendo sobre racismo, provavelmente não gera a uma afrodescendente ou a uma indígena identificação alguma, embora seja relevante que um homem branco tenha condições de dialogar sobre racismo e que, principalmente, conheça o seu lugar nesse discurso.

Assim, o pensamento de um branco sobre o racismo é compreender sua função, indagar sua realidade e, partindo do próprio "lócus de enunciação", utilizar seus instrumentos para combatê-lo. Através de um ponto de vista crítico, é viável que sejam indicados problemas localizados em seu próprio convívio social e que seu privilégio seja usado para dar escoamento e trazer indivíduos indígenas e afrodescendentes para falarem a respeito do tema.[18] Tal cenário pode ir desde um docente inquirir se sua bibliografia abrange textos e obras de mulheres indígenas ou afrodescendentes e LGBTQIA+ até um discente indagar quantas pessoas indígenas ou negras enxerga nos locais que frequenta e qual lugar e poder elas ocupam e desempenham.

Ao invés de nos questionarmos se somos racistas e esperarmos por uma resposta confortável, nós brancos devemos nos questionar de que forma podemos desmantelar nosso próprio racismo. Esse é um

[17] SILVA, Silvane. Branco, racismo é coisa séria. *CADUS – Revista de História, Política e Cultura*, v. 1, n. 1. São Paulo: Pontifícia Universidade Católica de São Paulo – PUC/SP, 2015.

[18] SCHWARCZ, Lilia Moritz. *Nem preto nem branco, muito pelo contrário*: cor e raça na sociabilidade brasileira. São Paulo: Claro Enigma, 2013.

exemplo sobre como nos inserir em uma área de pertencimento do coletivo opressor pode colaborar no combate à opressão.[19] O "lócus de enunciação" diz respeito a se reconhecer como componente das engrenagens da conjuntura social e aprender a se expressar e atuar a partir desse momento. Isso não objetiva silenciar ou interditar pessoas em debates ("lacrar", como se tem falado recentemente, de modo coloquial), mas é uma maneira de organizar a discussão e gerar pensamentos sobre opressão não só do ponto de vista do oprimido, mas igualmente do opressor, bem como sobre os alicerces dessa opressão e os modos de luta que podem ser usados para combater injustiças.[20]

O falar do discriminado, associado aos dos demais, será formado nesse lugar, após a assimilação e compreensão daqueles que sempre tiveram o direito de falar por meio de narrações hegemônicas nos espaços e recintos de poder, de criação do conhecimento e de representatividade social, em uma dimensão que se desloca com fundamento nos valores de exploração e imposição. Em que pese nosso arranjo e compostura sejam bem heterogêneos, eles não são reproduzidos nas redações do academicismo ou na retenção dos campos de influência da sociedade. Tal apropriação não decorre da ausência de competência ou de desejo, e sim do retorno à intenção de erguimento de muros, das muralhas que foram erguidas e ainda estão sendo levantadas na presente situação de retrocesso que o Brasil e o mundo enfrentam, com a intenção de coibir que sejam ocupados os "*loci* de enunciação".

O "lócus de enunciação" está ligado ao lugar social, delineado como coletivos sociais aos quais estamos vinculados, embora individualmente sejam experiências distintas que podem ser compartilhadas. Partindo dessa comunhão, serão gerados em rede diversos temas de expressão, afinal a finalidade do "lócus de enunciação" é evidenciar que os dis-

---

[19] KILOMBA, Grada. *Memórias da plantação*: episódios de racismo cotidiano. Rio de Janeiro: Cobogó, 2019.

[20] NASCIMENTO, op. cit.

criminados existem, mas não sob as lentes que foram estabelecidas pelo pensar hegemônico, e sim sob outro ponto de vista que os coloca finalmente em evidência.[21] Trata-se, então, de uma abstração profunda, já que não pode ser encarada puramente como uma maneira particularizada de se interpretar e entender o mundo, ainda que tenha no olhar do indivíduo seu ponto de partida e seu fio condutor.

Joaze Bernardino-Costa e Ramón Grosfoguel deram sua contribuição sobre a importância do "lócus de enunciação" como componente do "giro decolonial":

> Justamente, o êxito do sistema-mundo moderno/colonial reside em levar os sujeitos socialmente situados no lado oprimido da diferença colonial a pensarem epistemicamente como aqueles que se encontram em posições dominantes. Em outras palavras, o que é decisivo para se pensar a partir da perspectiva subalterna é o compromisso ético-político em elaborar um conhecimento contra-hegemônico (Grosfoguel, 2009).
> Afirmar o lócus de enunciação significa ir na contramão dos paradigmas eurocêntricos hegemônicos que, mesmo falando de uma localização particular, assumiram-se como universais, desinteressados e não situados. O lócus de enunciação não é marcado unicamente por nossa localização geopolítica dentro do sistema mundial moderno/colonial, mas é também marcado pelas hierarquias raciais, de classe, gênero, sexuais etc. que incidem sobre o corpo.[22]

É indubitável que as experiências de qualquer ser humano importam, porém o anseio aqui é precisamente procurar compreender as circunstâncias sociais que compõem a coletividade que o indivíduo integra e quais são as vivências e empirismos que ele compartilha

[21] CAMPOS, Luiz Carlos de Sá. Diálogo sobre a desigualdade, exclusão e a etnia: em sala de aula a partir do texto literário. *Anais do III Congresso Internacional e V Nacional Africanidades e Brasilidades em Educação*, v. 1, n. 5. Vitória: Universidade Federal do Espírito Santos – UFES, 2021.

[22] BERNARDINO-COSTA, Joaze; GROSFOGUEL, Ramón. Decolonialidade e perspectiva negra. *Sociedade e Estado*, v. 31, n. 1. Brasília: Universidade de Brasília – UnB, 2016, p. 19.

com o grupo. Então, limitar a análise sob uma perspectiva apenas racial ou feminista, por exemplo, e restringir o "lócus de enunciação" apenas às vivências de um afrodescendente e/ou de uma mulher seria um grande equívoco: afinal, aqui existe um estudo acadêmico que aborda subjugações estruturais que obstruem sujeitos de determinados grupos a terem direito à expressão e à própria humanidade.

Nesse sentido, o fato de um indivíduo ser negro não quer dizer por si só que ele saberá refletir de forma crítica e filosófica a respeito das decorrências do racismo. Pode até ocorrer inclusive que esse indivíduo diga que nunca percebeu racismo, que sua experiência não o abrangeu ou que ele nunca vivenciou isso. Sabe-se também o quanto alguns grupos infelizmente gostam de fazer uso desses indivíduos. Porém, o fato de esse sujeito afirmar que não percebeu racismo não faz com que, em razão de sua posição social, ele não tenha tido um menor número de oportunidades e direitos.[23] É por isso que a discussão aqui tratada, mais do que ter como base experiências pessoais, é essencialmente estrutural e não impede, por exemplo, que um branco estude e aborde o tema, sendo latino-americano.

[23] COLLINS, Patricia Hill. Comment on Hekman's "Truth and Method: Feminist Standpoint Theory Revisited": Where's the Power?. *Signs*, v. 22, n. 2. Chicago: The University of Chicago Press Journals, 1997.

3.

O DECOLONIALISMO COMO MEIO DE CONFRONTAÇÃO AO PENSAR HEGEMÔNICO EUROCÊNTRICO

Na América Latina, os episódios e métodos de colonização balizaram a hegemonia econômica, institucional e cultural das nações europeias, obrigando a renitência anticolonialista a traçar estratégias de luta contra a subjugação de seus povos. Nessa concepção, o estudioso Frantz Fanon desenvolveu a aclamada obra *Peau noire, masques blancs* (*Pele negra, máscaras brancas*, em português), cuja primeira edição é datada de 1952 e que aborda como jovens antilhanos, ao emigrarem para a França, regressavam figurativamente embranquecidos, transmutados em franceses, cedendo à dominação de seu idioma e de sua cultura. Nesse sentido, percebe-se que o colonialismo não está pautado apenas no potencial bélico e econômico das nações europeias, mas sobretudo na distinção racial.

Todo povo que é colonizado, ou seja, todo povo no âmago do qual se originou um complexo de inferioridade em razão do sepultamento de sua singularidade cultural assume partido perante a linguagem da nação dominadora ou, em outras palavras, da cultura da metrópole. Assim, quanto mais recepcionar os princípios culturais metropolitanos, mais o colonizado se distanciará de sua selva. Do mesmo modo, quanto mais refutar sua negritude e recusar o seu mato, mais branco ele será.[24]

Para Fanon, o negro que tinha vivido algum momento na França retornava totalmente modificado. Conclui-se que o ambiente colonizado é formado partindo do panorama, dos anseios, dos princípios e da branquitude do colonizador. É a partir das ideias introduzidas pelo colonizador na consciência dos indivíduos subjugados que os valores colonizados passam a ser erguidos, numa sistemática de inferioridade racial, econômica, militar, linguística e cultural que impele aos sujeitos subalternizados uma referência de concepções baseadas, essencialmente, nos ideais dominantes engendrados pelo expediente cultural do colonizador.[25] Nas palavras do próprio Frantz Fanon, "*c'est le colon qui a fait et continue à faire le colonisé*" ("é o colonizador que fez e continua a fazer o colonizado", em tradução livre).[26]

Fanon também argumentou que a vida na colônia não era composta apenas de impulsos e tensões, distúrbios psicossomáticos e mentais – uma vida nervosa, em tensão quase permanente –, mas também que a autoridade colonial era sustentada por duas lógicas contraditórias que, consideradas em conjunto, tinham o efeito de simplesmente anular a possibilidade do surgimento de um sujeito

[24] FANON, Frantz. *Pele negra, máscaras brancas*. Salvador: EDUFBA, 2008.

[25] FANON, Frantz. *Os condenados da terra*. Rio de Janeiro: Civilização Brasileira, 1968.

[26] FANON, Frantz. *Les damnés de la terre*. Paris: Éditions La Découverte & Syro, 2002, p. 40.

autônomo sob condições coloniais. A primeira consistia, apesar das aparências, em não aceitar a diferença, e a segunda, em recusar semelhanças. Assim, a autoridade colonial era um poderio narcisista. Ao desejar que os colonizados se assemelhassem a ela, tolhendo-os e proibindo-os, a autoridade colonial fazia da colônia, assim. a própria figura da "anticomunidade", um sistema fora do lugar comum, onde, paradoxalmente, a divisão e a separação constituíam as próprias formas de ser/estar e onde a principal forma de comunicação entre os subjugados coloniais e seus senhores (a saber, a violência) reiterava a relação sacrificial e ratificava o intercâmbio generalizado de morte.[27]

Na constância de toda a relação havida entre os povos originários sul-americanos e o corpo social englobante, desde a chegada dos europeus e seus atos colonizadores até os dias da atualidade, foi elaborada uma narrativa que optou por desabonar e marginalizar as comunidades nativas de sua existência realista enraizada na terra. Tal explanação se erigiu a partir do desprezo pelo não europeu desde o século XVI e teve como alicerce concepções de cultas congregações, notadamente compostas por literatos e por entendidos de História. Em igual proporção, ações do Estado resvalavam a respeito da existência palpável desse contingente. Assumindo posições de não recognição das individualidades etnológicas autóctones e de intenções de aniquilação de forma sistematizada, o corpo social abrangente se dispôs a marginalizar e a silenciar tentativas de expressão distintas das suas.[28]

As proeminências de duas referências sociais opostas, a Oriental e a Ocidental, são resultado de uma conduta intelectiva que tem como substância o cenário histórico que o continente europeu se firmou como ponto de orientação de sociedade hegemônica. A abstração

[27] MBEMBE, Achille. La colonie: son petit secret et sa part maudite. *Politique africaine*, n. 102. Liège: Karthala, 2006.

[28] GOMES, Geisiane Anatólia. *Decolonialismo e crítica à história única*: possibilidades para a historiografia sobre os povos originários do Brasil. Dissertação de Mestrado em História. Mariana: a Universidade Federal de Ouro Preto – UFOP, 2018.

social será, particularmente no andamento de sua composição, guiada pela experiência cultural proveniente da Europa. O ramo da Sociologia aflorou em uma Europa industrializada, completamente transmutada pelo progresso financeiro da produção e composição industrial e pelos episódios políticos da Revolução Francesa de 1789, que, por seu turno, foi germinada por levantes oriundos dos valores do Iluminismo do início do século XVIII.[29]

O estudioso argentino Walter Mignolo, oriundo da cidade de Córdoba, tratou sobre a origem europeia da Modernidade:[30]

> A tese básica – no universo específico do discurso tal como foi especificado – é a seguinte: a "modernidade" é uma narrativa complexa, cujo ponto de origem foi a Europa, uma narrativa que constrói a civilização ocidental ao celebrar as suas conquistas enquanto esconde, ao mesmo tempo, o seu lado mais escuro, a "colonialidade". A colonialidade, em outras palavras, é constitutiva da modernidade – não há modernidade sem colonialidade. Por isso, a expressão comum e contemporânea de "modernidades globais" implica "colonialidades globais" no sentido exato de que a matriz colonial de poder é compartilhada e disputada por muitos contendedores: se não pode haver modernidade sem colonialidade, não pode também haver modernidades globais sem colonialidades globais. Consequentemente, o pensamento e a ação descoloniais surgiram e se desdobraram, do século XVI em diante, como respostas às inclinações opressivas e imperiais dos ideais europeus modernos projetados para o mundo não europeu, onde são acionados.

Para os ideais clássicos e as novas ideologias da modernização, a Modernidade é o acontecimento que estipula o agrupamento de

[29] LEDA, Manuela Corrêa. *Teorias pós-coloniais e decoloniais*: para repensar a sociologia da modernidade. Monografia de graduação em Sociologia. Brasília: Universidade de Brasília – UNB, 2014.

[30] MIGNOLO, Walter D. Colonialidade – O lado mais escuro da modernidade. *Revista Brasileira de Ciências Sociais*, v. 32, n. 94, p. 2. São Paulo: Associação Nacional de Pós-Graduação e Pesquisa em Ciências Sociais – ANPOCS, 2017.

todos os episódios de ordem social, política e econômica provenientes da Europa, através do qual se origina uma renovada ordenação social. Em suas interpretações do corpo social moderno, Max Weber, Karl Marx e Émile Durkheim o narraram em oposição a uma sistemática tradicional de relações sociais que é derrotada pelo ritmo de modificações e pela essência característica dos institutos da Modernidade. Para as proposições da modernização, os moldes associativos modernos seriam fruto de episódios históricos próprios do continente europeu, que teriam a inclinação de se dissipar gradualmente para o restante do globo. Tais convicções assumem os atributos da sociedade do Ocidente como manifestações de progressão social, estipulando degraus exatos do avanço do que entende como disposição tradicional e moderna.[31]

3.1 O significado do termo "decolonialismo"

No final da década de 1980, o sociólogo peruano Aníbal Quijano introduziu o conceito de "colonialidade". Quijano conferiu um novo significado à herança da expressão "colonialismo", especialmente com base na forma como havia sido definida em meio à Guerra Fria junto da definição de "descolonização" (e os entraves pela emancipação na África e na Ásia). A acepção de colonialidade logo em seguida foi aprimorada por Walter Mignolo a partir da obra *Historias locais / projetos globais – colonialidade, saberes subalternos e pensamento liminar* e em outras publicações científicas conseguintes. A partir desse momento, a colonialidade foi encarada por Mignolo como a feição mais sombria da Modernidade.

O capital é colonizador e a colônia lhe é inerente. Para compreender como a colônia persiste, é necessário antes de tudo se livrar de um enfoque que observa nela somente a feição que lhe foi conferida pela Europa no século XIX e não misturar colonização com colonialismo. Assim, cabe fazer a diferenciação de que a colonização é um evento/momento e o colonialismo é um método/dinâmica. Logo,

[31] LEDA, op. cit.

colonialismo é um levante social completo, e seu perpetuamento se justifica pela continuidade das composições sociais decorrentes de desdobramentos históricos.[32]

O campo semântico do termo em francês, *décolonial*, decorre da confrontação à colonialidade do domínio que, mesmo após o reconhecimento da independência de lugares colonizados, subsiste atuante como legado da Modernidade, da discriminação racial e do mercantilismo. Na França, essa palavra costumeiramente está associada ao movimento contra o racismo e também a uma grande luta contra o xenofobismo, fazendo sobressair a proteção aos imigrantes e seus sucessores oriundos de antigas colônias. No Brasil, o vocábulo "decolonial" tem sido associado à acolhida das pesquisas do coletivo apelidado como Modernidade/Colonialidade/Decolonialidade, cuja siga é MCD, composto por estudiosos latino-americanos prestigiados nas Américas, tais como Walter Mignolo, Aníbal Quijano, Nelson Maldonado-Torres e Catherine Walsh.

Nos momentos em que quisermos fazer menção precisamente aos procedimentos histórico-administrativos de desfazimento das Metrópoles de suas ex-colônias, será necessário priorizar o uso das expressões como "descolonial", "descolonizar" e "descolonização". Em contrapartida, nas ocasiões em que se desejar fazer colocações aos levantes constantes pela conversão de concepções e atos cada vez mais desassociados da colonialidade, recomenda-se a predileção pela utilização dos termos "decolonial" e "decolonialidade", caracterizando essa distinção através da remoção da consoante "s". Essa diligência aspira a realçar que os procedimentos histórico-formais de descolonização de uma região não garantem que os raciocínios que permeiam sobre eles tenham ultrapassado a dialética colonial.[33]

O movimento do decolonialismo não se baseia apenas em vencer a sistemática colonialista de nosso passado e não se pauta somente

[32] MIGNOLO, op. cit.

[33] GONZAGA, Alvaro Luiz Travassos de Azevedo. *Decolonialismo indígena*. São Paulo: Matrioska, 2021.

em buscar emancipar os locais colonizados, mas sim em adotar uma posição de combate constante para anotar outra narrativa dos subjugados como indivíduos sociais integrantes do meio, não como personagens ordinários talháveis, dominados e submissos. O pensamento decolonial trata de um processo que anseia suplantar de modo histórico a colonização e conjecturar uma meta mais abrangente, uma tarefa premente de superação do paradigma de arbítrio colonial nos dias atuais tendo em vista o futuro. Nessa dimensão, o verbo preferível a ser usado é "decolonizar", no lugar da locução "descolonizar". Esse levante traz ao campo de participação diversas lideranças de diferentes etnias, que estrearam uma batalha em defesa dos ideais indígenas, exibindo propriamente o indigenismo, que se transforma em pauta central de uma nova narração.[34]

Não se deve minimizar a celeridade com que o capital é hábil em incorporar certos fundamentos para transvertê-los em comandos de ordem destituídos de seu teor. Questiona-se, então, por qual motivo o capital não seria apto para absorver a noção de decolonialismo. A razão é que o capital por natureza é colonizador, e a colônia, portanto, é inerente às suas características. Para que possamos compreender como se conserva a colônia, é necessário desprender-se de uma perspectiva que encara nela somente o formato que lhe foi conferida no século XIX pela Europa e não se pode encarar como a mesma coisa colonização e colonialismo. Assim sendo, a diferença adequada que se pode traçar é que a colonização é um episódio/acontecido histórico, ao passo que o colonialismo é todo um sistema/método desenvolvido, ou seja, é um encadeamento social abrangente cuja perenização se justifica pela manutenção das

[34] BANIWA, Gersem dos Santos Luciano. *O Índio Brasileiro*: o que você precisa saber sobre os povos indígenas no Brasil de hoje. Brasília: Secretaria de Educação Continuada, Alfabetização e Diversidade (Secad), Organização das Nações Unidas para a Educação, a Ciência e a Cultura (Unesco) e Projeto Trilhas de Conhecimentos – LACED/Museu Nacional, 2006.

composições sociais consequentes de reiterados acontecimentos de colonização.[35]

Para Aníbal Quijano, colonialismo e colonialidade são duas concepções relacionadas, ainda que distintas. A razão é que colonialismo faz menção a um molde de domínio e subjugação: o manejo da soberania política, dos meios produtivos e da mão de obra de um contingente específico possui uma identificação distinta, e as suas matrizes principais encontram-se em outra esfera de autoridade regional. Entretanto, nem sempre, nem obrigatoriamente, resulta-se em encadeamentos racistas de domínio. O colonialismo é, de maneira manifesta, mais antigo; contudo, a colonialidade demonstrou ser, nos derradeiros cinco séculos, mais acentuada e enraizada do que o colonialismo. Sem embargo, indubitavelmente a colonialidade foi concebida no seio do colonialismo, e mais ainda: sem este, não teria sido possível seu imperativo à intersubjetividade de maneira tão duradoura e profunda.[36]

Discorreu Françoise Vergès:[37]

> Trata-se de uma colonialidade que herdou a partilha do mundo que a Europa definiu no século XVI e que continuou reafirmando por meio da espada, da pena de escrever, da fé, do chicote, da tortura, da ameaça, da lei, do texto, da pintura e, depois, por meio da fotografia e do cinema; uma colonialidade que institui uma política de vidas descartáveis, *humans as waste*. Entretanto, não saberíamos limitar nossa proposta ao espaço-tempo da narrativa europeia. A história das decolonizações é também aquela do longo período de lutas que abalaram a ordem do mundo. Desde o século XVI, os povos combateram a colonização ocidental (as lutas dos povos indígenas e dos/as africanos/as reduzidos/as à escravidão e a Revolução

[35] VERGÈS, Françoise. *Um feminismo decolonial*. São Paulo: Ubu editora, 2019.

[36] QUIJANO, Aníbal. Colonialidad del poder y clasificación social. *In*: CASTRO-GÓMEZ, Santiago; GROSFOGUEL, Ramón. *El giro decolonial*. Reflexiones para una diversidad epistémica más allá del capitalismo global. Bogotá: Universidad Javeriana-Instituto Pensar, Universidad Central-IESCO, Siglo del Hombre Editores, 2007.

[37] VERGÈS, op. cit., p. 42.

Haitiana). Ainda, apagar as transferências e os itinerários das libertações Sul-Sul, ocultando as experiências internacionalistas das forças anticoloniais, leva a crer que a descolonização foi apenas uma independência do ponto de vista da lei, até mesmo um engodo. A ignorância sobre a circulação Sul-Sul de pessoas, ideias e práticas emancipatórias sustenta a hegemonia do eixo Norte-Sul; não obstante, as trocas Sul-Sul foram cruciais para a difusão dos sonos de libertação.

Para Muriel Chamberlain[38], em uma elucidação sobre a descolonização, esta é comumente compreendida como o processo pelo qual os contingentes de países emergentes (subdesenvolvidos, também conhecidos como de terceiro mundo) angariaram a independência de seus dominantes e de autoridades coloniais. Tal explanação se opõe a outros pesquisadores, que acreditavam que a noção de descolonização, como segunda opção à palavra "libertação", poderia ser empregada para narrar as posturas adotadas pelos domínios metropolitanos para abandonarem suas colônias, descolonizando-as. Para Chamberlain, um estudioso de História deve procurar manter a harmonia entre a análise das ideologias das autoridades coloniais e as abstrações e intentos que nasceram do subjugado da colônia. Nessa linha, a citada estudiosa salienta que os historiadores devem apreciar a questão sob um enfoque mais abrangente, delineando os primórdios e os alicerces dos levantes de descolonização de forma distinta de libertadores e de militantes decoloniais que não são historiadores.

Dissertou Aníbal Quijano sobre a colonialidade enquanto componente do modelo global capitalista, em tradução livre:[39]

A colonialidade é um dos elementos constitutivos e específicos do padrão mundial de poder capitalista. Baseia-se na imposição de uma classificação

---

[38] CHAMBERLAIN, Muriel Evelyn. *Decolonization*: the fall of the european empires. Oxford: Blackwell Publishers, 1985.

[39] QUIJANO, op. cit., 2007, p. 93-94.

> racial/étnica da população mundial como pedra angular desse padrão de poder e atua em cada um dos planos, áreas e dimensões, materiais e subjetivas, do cotidiano e na escala social. Origina-se e globaliza-se a partir da América. Com a constituição da América (Latina) ao mesmo tempo e no mesmo movimento histórico, a potência capitalista emergente torna-se global, seus centros hegemônicos localizam-se nas áreas localizadas no Atlântico - que serão posteriormente identificadas como Europa – e como eixos centrais de seu novo padrão de dominação se estabelecem também colonialidade e a modernidade. Ou seja: com a América (Latina), o capitalismo torna-se global, eurocentrado e a colonialidade e a modernidade instalam-se, até hoje, como eixos constitutivos deste padrão específico de poder.

A colonialidade batiza a lógica implícita da instituição e do desenvolvimento da humanidade do Ocidente desde o Renascimento até os dias contemporâneos, da qual colonialismos históricos têm se mostrado uma grandeza constitutiva. A definição como utilizada aqui, e pelo binômio colonialismo/modernização, não objetiva ser uma conceituação totalitária, mas uma noção que individualiza uma proposta específica: o da concepção da Modernidade e de sua feição característica e mais obscura, a colonialidade. Esta nasceu com a narrativa das incursões europeias de Abya Yala, Tawantinsuyu e Anahuac, com a constituição das Américas e do Caribe e o contrabando extensivo de escravos de origem africana. A "colonialidade" por si só atua como um delineamento "descolonial", e anseios descoloniais podem ser observados do século XVI ao século XVIII. Finalmente, a "colonialidade", que também pode ser chamada de "padrão colonial de poder" ou de matriz colonial de poder (MCP) é reconhecidamente a reação própria perante a mundialização e ao pensar sequencial global, que se revelaram no interior de narrativas e sentimentos da América Latina.[40]

[40] MIGNOLO, op. cit., 2017.

3.2 O decolonialismo associado aos demais saberes científicos da humanidade

O decolonialismo possui os recintos da História e da Literatura, entre vários outros, para ser observado e refletido. Desse modo, por meio de referidas formas do saber e de expressão, pretende-se obter um entendimento mais abrangente da descrição e projeção dos povos originários brasileiros. Essa incumbência debate, através da historiografia e de seus campos associados, como é o caso da Etnografia e da Literatura confeccionadas no interior do Instituto Histórico Geográfico Brasileiro, instituído no ano de 1838 (seguindo o modelo do *Institut Historique* de Paris, de 1834), as ações por trás dessas descrições. Tais laborações mostravam que o marco inicial era uma sustentação constituída tanto pela lembrança, quanto pelo esquecimento, em seus diversos graus, assim como foi a circunstância da confirmação e da negação das comunidades originárias.

As descrições elencadas pela Literatura e pela História que se dispuseram a abordar as comunidades originárias brasileiras foram, sem ressalva, um arrazoado sobre o corpo social do Império e da conjuntura que experimentaram de reorganização. Tal circunstância se deu através do manejo de lembranças e olvidamentos acerca da forma que se almejava entender e erguer o nacionalismo brasileiro. Os povos indígenas, presentes no decorrer de parte extensa do estabelecimento do espaço territorial que nos dias de hoje é o Brasil, tiveram o seu tempo pretérito e parte de sua essência deslocados em uma sistemática de decomposição e de ofuscamento intencional. Assim, este relato pretendeu não apenas sob o prisma romântico, mas também em sua pretensa contrariedade, abordar a perpetuação e a descontinuação que a existência dessas comunidades teve no erguimento da população.[41]

O emprego de ciências de origem europeia passa, portanto, a ser visto como um ultraje aos alvos das erudições subservientes, que utilizam a ruptura com os moldes etnocêntricos de pensar como chamarizes de seu movimento. Logo, nasce o pensamento decolo-

[41] GOMES, op. cit.

nial, com o anseio de despir e divulgar a submissão dos países do Hemisfério "Sul" aos Estados do Hemisfério "Norte" em três esferas: dominação, existência e conhecimento. O levante decolonial sugere a procura por condutas e meios de raciocinar que provenham dos próprios costumes e sabereis locais, evidenciando-os frente aos mecanismos globalizantes que calam os que constituem os coletivos submetidos. Diversas circunstâncias costumeiras podem ser usadas para o debate de noções decoloniais no corpo social da atualidade e os estabelecimentos de ensino são espaços favoráveis para isto, afinal manejam a tarefa de instrução total da pessoa humana e seu público-alvo encontra-se em estágio de assimilação e de estruturação de convicções e de identificação. Os currículos educacionais, sobretudo os da escola-básica, propiciam, por meio de seus conteúdos, o desimpedimento à introdução de assuntos como a etnicidade, o indigenismo, a afrodescendência, o apreço e aceitação da diversidade, entre diversos outros temas relativos ao trato e interação social.[42]

A fim de que seja possível a compreensão da "colonialidade do poder" como uma referência teórica elaborada pelo sociólogo peruano Aníbal Quijano, é preciso que observemos o delineamento ofertado por vários instrumentos manejados nas intervenções atrozes de lusitanos, hispânicos, holandeses, franceses, anglicanos, entre outros. Exemplificando, a colonialidade do controle da mão de obra instituiu o arranjo geográfico social do capitalismo no mundo e reconduziu a Europa como referência crucial no âmbito mundial capitalista. Referido estudioso enxerga tal capitalismo como eurocêntrico e colonizador/moderno, ratificando a pretensão de assentarmos tais considerações na ideia de Modernidade do sistema mundial.[43]

[42] SILVA, Keyde Taida da; BICALHO; Poliene Soares dos Santos. Uma abordagem decolonial da história e da cultura indígena: entre silenciamentos e protagonismos. *Crítica cultural – Critic*, v. 13, n. 2. Palhoça: Unisul – Universidade do Sul de Santa Catarina, 2018.

[43] QUIJANO, Aníbal. Colonialismo do poder, eurocentrismo e América Latina. *In*: LANDER, Edgardo (org.). *A colonialidade do saber*: eurocentrismo e ciências sociais – perspectivas latino-americanas. Buenos Aires: CLACSO Livros, 2005.

Estabelecer o panorama multifacetado de educação, para as diversas parcelas que compõem o corpo social, demanda uma prática conjunta para um ensinar engendrado também no solo não pavimentado e nas agregações coordenadas para a fortificação do reconhecimento da identidade dos discriminados em virtude de sua raça. Por meio de um desempenho particular de associações organizadas em diversas regiões da América Latina, há várias amostras de práxis contrárias ao que foi imposto, dando voz ao que se manteve calado. Ao nos debruçarmos sobre as opções de expressão e suas maneiras de operação, pode-se conjecturar que existe, em comum, uma sustentação teórica pautada na construção entre culturas – uma valoração de alta estima se levarmos em conta as infindáveis enunciações factuais que coabitam e induzem observadores de diferentes áreas.

Permanece patente a ascensão de ambientes ponderados para estimular outras deliberações que podem servir de intento para propostas de (des)integração – (re)integração da própria pessoa, levando em consideração as experiências comunitárias repensadas nos dias atuais. Na esfera das querelas ideológicas associadas aos aprendizados consideráveis, seus lemas político-filosóficos sugestionam a descontinuação de limites, declinando as muradas dos institutos solenes de educação para confiar em representações mais coletivas e aquinhoadas. Ao começarmos uma sondagem da História de relutância nos países latino-americanos, não se pode deixar de discernir essa quantidade de intentos, vivências e alvitres que se ocupam de invocar verbalizações oriundas de comunidades locais. Na novel abertura que se deu em países tais como o Brasil e a Colômbia, desde a década de 1980 até os dias atuais, no que diz respeito ao apanhado de atos normativos às comunidades afrodescendentes, o intuito foi identificar uma pluralidade de esforços para a aniquilação das suas culturas e meios de pertencimento e autoidentificação.[44]

[44] MIRANDA, Claudia; RIASCOS, Fanny Milena Quiñones. Pedagogias decoloniais e interculturalidade: desafios para uma agenda educacional antirracista. *Educação em Foco*, v. 21, n. 3. Juiz de Fora: UFJF – Universidade Federal de Juiz de Fora, 2016.

Keyde Taida da Silva e Poliene Bicalho aduziram sobre o processo de esquecimento e de negação identitária que populações originárias brasileiras sofreram em virtude da perpetuação do colonialismo europeu:[45]

> O apagamento identitário de várias etnias indígenas se deu concomitantemente ao processo de enaltecimento da cultura europeia, a partir de discursos elaborados e divulgados estrategicamente, tanto no cenário nacional em construção quanto em cenários internacionais. O uso de uma legislação interna tendenciosa, que, segundo Almeida (2017, p. 19), "oscilava entre o apoio às práticas de violência e de proteção aos índios", auxiliou como meio de dominação dos povos étnicos, que eram vencidos e incorporados à vida 'civilizada' e submetidos a costumes desconhecidos e irrelevantes às suas culturas, de modo que várias etnias acabaram por se sucumbirem aos novos modos de vida desenvolvidos na colônia portuguesa; porém, não sem resistência!
>
> Esta abordagem inferiorizadora das etnias indígenas vigorou no Brasil até meados do século XX, e ainda perdura, de certo modo. Na base da história nacional há o enaltecimento dos feitos coloniais em contraposição à fragilidade e submissão dos indígenas. "As narrativas de conquista e colonização enalteciam a ação heroica e desbravadora dos portugueses, enquanto os índios pareciam ser facilmente vencidos, catequizados e transformados por eles." (ALMEIDA, 2017, p. 19). Para a autora, a manutenção da superioridade de uns povos em detrimento de outros fica clara quando analisamos o processo histórico brasileiro.

Na última década, notamos as demandas que nos inserem conjuntamente com as vivências educacionais de outros países de nosso continente, como a Colômbia, o Equador, o Uruguai, a Argentina e a Venezuela, no momento em que nossas propensões estão pautadas na conscientização de concepções interculturais que respaldem a inversão da aprendizagem escolar. O ideário simplista

[45] SILVA; BICALHO, op. cit., p. 246-247.

da escolaridade é atributo imprescindível para os que anseiam compreender o histórico da composição dos órgãos pertinentes que manejam a educação formal. Como resultado, é refletido um molde institucionalizado e aí se encontram, em grande parte, nossas mais penosas adversidades. Desse modo, o ímpeto seletivo, a noção de transferência de conhecimentos e a conservação dos costumes escolares são algumas amostras de desafios reais para uma vivência de expansão de padrões. Em países como Equador e Colômbia, observa-se que os progressos atingidos são decorrentes de grupos insurgentes e contumazes que se opõem às linhas limítrofes de autoridades reguladoras.[46]

3.3 O mapa invertido da América do Sul

As ponderações proporcionadas pelo campo chamado de "cartografia crítica" podem interagir com o levante decolonial, tendo em vista que adotam o pressuposto de que o mapa não é uma ferramenta imparcial de ilustração do espaço físico. Apesar de as cartas cartográficas terem sido tradicionalmente dotadas de uma pretensa assertividade científica, elas não estão totalmente destituídas de propensões de cunho ideológico. Longe disso, os mapas realçam interações de poder e domínio. Tal atributo das representações cartográficas auxiliou, de forma determinante, a própria afirmativa dos povos europeus no apoderamento colonial do que chamaram de "Novo Mundo".

A ilustração cartográfica é um expediente semiótico que representa determinados traços de uma dimensão espacial exterior para um intérprete especificado. Ao conceber atributos do terreno em uma base, o mapa se transforma em um ferramenta de assimilação da realidade, incentivando atividades de orientação, de movimentação e de controle sobre o território. Seja por meio de narrativas de viageiros, seja a partir de complexos métodos de geoprocessamento via satélite, as informações colhidas a respeito do espaço são assen-

[46] MIRANDA; RIASCOS, op. cit.

tadas nesse alicerce de comunicação, estimulando atos decisórios estratégicos de desbravadores e autoridades.[47]

As interações entre as cartas cartográficas e a Geografia são muito antigas, o que não quer dizer que já ocorreu o esvaziamento de análises e abordagens desse ramo do conhecimento humano sobre os mapas, uma vez, afinal, que essa ciência pode expandir os atributos, as mensagens e as conceituações da retratação dos terrenos. Tal tarefa pode ser aprimorada tendo em vista que a Geografia pode vir a se utilizar de mapas com características mais artísticas do que científicas. Além disso, um mapa artístico pode contribuir com a realização de análises geográficas.[48] Daniel Melo Ribeiro asseverou que as plantas cartográficas não são ilustrações imparciais do terreno:[49]

> Assim, os mapas se revestem de uma espécie de autoridade discursiva sobre o território e se tornam valiosos documentos de teor político.
>
> Uma vez que os mapas não são representações neutras do espaço, sendo historicamente utilizados como instrumentos de imposição de poder sobre o território, lançamos as seguintes perguntas: como poderíamos conceber uma cartografia decolonial? De que maneira a representação do espaço através dos mapas poderia revelar narrativas reprimidas pelo colonialismo? O mapa é um tipo de imagem que pertence a uma cultura visual e que, por sua vez, nos ofereceria "perspectivas de compreensão crítica da realidade" (CUSICANQUI, 2010, p. 20). Portanto, defendemos que o mapa pode ser um registro visual que "nos permite descobrir as formas como o colonialismo é combatido, subvertido e ironizado, agora e sempre" (CUSICANQUI, 2010, p. 6).

[47] RIBEIRO, Daniel Melo. Contramapeamento indígena: aproximações entre a cartografia crítica e o decolonialismo. *Logos: Comunicação e Universidade*, v. 27, n. 3. Rio de Janeiro: Universidade Estadual do Rio de Janeiro, 2020.

[48] SALES, Carla Monteiro. Cartografia, arte e visões de mundo na reprodução do "Mapa Invertido da América do Sul". *Espaço e Cultura*, n. 39. Rio de Janeiro: Universidade Estadual do Rio de Janeiro – UERJ, 2016.

[49] RIBEIRO, op. cit., 2020, p. 18.

Ao aproximar a cartografia e a arte, os mapas artísticos destacam um apanhado de assuntos a respeito das interações históricas e intercâmbios representativos que essas duas atividades exibem. Outrora, desprender arte e mapeamento não era uma incumbência fácil, já que mapear e desenhar à tinta horizontes eram tarefas desempenhadas pelas mesmas pessoas. Cartas cartográficas e mapas possuíam atributos visuais, componentes dotados de simbologias e cosmovisões abstratas da mesma forma que as pinturas e obras de arte. Não é por acaso que os polos da arte renascentista, como Veneza e Antuérpia, também eram núcleos sobressalentes de produção de mapas. Essa estreita associação foi sendo paulatinamente debilitada desde, ao menos, a instauração da cartografia como uma matéria acadêmica da área das ciências exatas ao longo do século XV. Para tanto, o mapeamento definiu uma cadeia de requisitos, cálculos, expedientes e métodos que estabeleceram o momento moderno dos mapas.[50]

Há uma célebre gravura de arte à caneta e tinta que se chama "América Invertida", elaborada pelo artista uruguaio Joaquín Torres García e datada do ano de 1943, que se consiste em um poderoso emblema afirmativo da identificação cultural da América do Sul. Citada criação pode ser compreendida como uma alegoria, uma vez que, mais do que rodar o mapa sobre a sua base, Torres García sugere que, igualmente na arte, o hemisfério sul fosse inverso. Desenhar um mapa guarda, então, um significado deveras mais potente. Isso se deve ao fato de que a História nos mostrou que quem ilustra as regiões e terrenos e permeia os seus limites fictícios são as nações conquistadoras. Dessa forma, a imagem artística "América Invertida" se exibe como uma tentativa de desnaturalização, pois se opõe às forças dominantes, propõe uma revisão das estruturas hierárquicas e contradiz os arbítrios do colonialismo.[51]

[50] SALES, op. cit.

[51] MARMELO, Maria Miguel Silva. *"América Invertida" (1943) de Joaquín Torres Garcia*: uma análise e reflexão. Aula do curso de Ciências da Comunicação: Jornalismo, Assessoria, Multimédia. Porto: FLUP – Faculdade de Letras da Universidade do Porto, 2014.

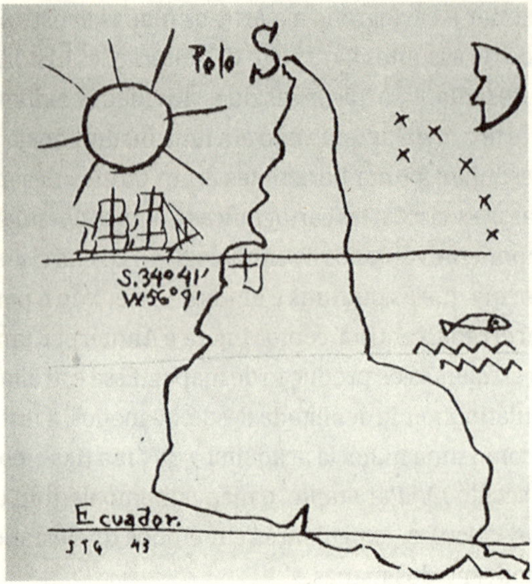

"América Invertida" - 1943

Joaquín Torres García (1878-1949)

Museo Municipal de Bellas Artes Juan Manuel Blanes - Montevidéu, Uruguai.

Em domínio público.

Carla Monteiro Sales discorreu sobre a obra de arte "América Invertida", de Torres García:[52]

> Este não é um mapa como os convencionais, que costumam ser validados na ciência geográfica pelo emprego de escala, legenda, título ou dados georreferenciados. Também não é uma obra de arte usual, pois visualizamos claramente uma estética ou um contorno que reconhecemos como cartográfico. Por ser tanto um mapa, como uma obra de arte, enquadra-se no que é chamado de mapa artístico. Essa ambiguidade torna problemática a definição desses mapas, mas para fins práticos da presente análise, adotaremos a definição mais simplificada de apropriações de elementos da cartografia por artistas em suas obras.

[52] SALES, op.cit., p. 158.

Do mesmo modo que Joaquín Torres García laborou com um retrato gráfico diferente do costumeiro do continente latino-americano, temos que girar o globo de ponta-cabeça e nos defrontar com a sistemática que aponta o Sul como o nosso "norte". É tendo como ponto de partida essa alusão que podemos almejar um mundo mais heterogêneo, solidário e democrático. Torres García indagou quais pessoas e com qual anseio impõem o que é o Norte e o Sul e em razão disso criou a expressão "Escola do Sul" porque, na verdade, nosso norte é o Sul. Dessa maneira, não pode haver Norte, para nós da América do Sul, senão por contraposição ao nosso Sul. É por esse motivo que foi posicionado o mapa de cabeça para baixo, possuindo uma adequada noção de nossa posição, em oposição ao que interessa ao restante do globo. A "América Invertida" exibe a extremidade da América expandindo-se e direcionando-se exaltadamente para o Sul, o nosso norte.

Não cremos que o Norte deva subsistir apenas em contraposição ao Sul, assim como não acreditamos que o Sul só deve perdurar como antagonismo do Norte, tendo em vista, afinal, que cada integralidade é composta de pedaços e que cada fragmento pode vir a se transformar em sua própria completude. Não consideramos que deve haver opostos binários como maneira de enxergar o mundo. Entretanto, a imagem criada por Torres García nos importa pelo que ela inflama e pelo questionamento crucial que ela desperta no tocante a quem determina o que é Norte e o que é Sul, resultando no estabelecimento de uma gradação entre ambos. Na "América Invertida", há uma robustez institucional e epistêmica de consolidação dos conhecimentos que permeiam o Sul, pois, ao retratar a América do Sul de cabeça para baixo, reafirma nosso posicionamento quanto ao que nós, sul-americanos, queremos ser, e não ao que querem que sejamos.[53]

[53] REIS, Graça Regina Franco da Silva; CAMPOS, Marina Santos Nunes de. Conversas de professoras, currículos pensadospraticados e Justiça cognitiva: por uma poliprática de formação docente emancipatória. *37ª Reunião Nacional da ANPEd*. Florianópolis: Universidade Federal de Santa Catarina – UFSC, 2015.

A utilização da referência "Sul" não tem a ver somente com o ponto de vista geográfico, mas, essencialmente, com o corpo de opções teórico-metodológicas desenvolvidas como questionamento e oposição às posturas de subjugação e negacionismo de experiências, fundamentos e saberes. Antes de qualquer coisa, o "Sul" desnuda e legitima a variedade e a pluralidade de falas e faces em conversações horizontais entre conhecimentos. Assim, não dizem respeito a lugares mais ou menos legítimos de expressão, mas de alternativas ético-políticas na concepção historiográfica e epistemológica dos locais colonizados. Eleger a concepção decolonial do "Sul" é deliberar quais bases hermenêuticas são primordiais perante a hegemonia do conhecimento, quais são os silêncios e ofuscamentos que devemos revelar e interromper e quais são os alicerces e valores que devemos adotar.[54]

Decolonialismo é o mote para o firmamento de distintos paradigmas sobre nosso autoarranjo e aprendizagens cabíveis tendo como força motriz as temáticas que partem das posições de antagonismo ao racismo. Adquirem relevância as didáticas de caráter decolonial porque compõem uma percepção educativa em evolução que será mais bem assimilada quando concatenada às pesquisas desenvolvidas na interligação com os levantes sociais na localidade conhecida como América Latina. Na linha de raciocínio dos pesquisadores expoentes do assunto, Aníbal Quijano, Walter Mignolo e Catherine Walsh, entende-se que o pensamento decolonialista reclama o desafio de definir caminhos que sugerem a oposição e o inconformismo, propondo possibilidades limítrofes quando a pauta é a salvaguarda da diversidade e da multiplicidade, tal como as demais áreas de interação.[55]

[54] MIGNOLO, Walter D. Un paradgima otro: colonialidad global, pensamiento fronterizo y cosmopolitismo crítico. *In*: MIGNOLO, Walter D. *Historias locales/diseños globales*: Colonialidad, conocimientos subalternos y pensamento fronterizo. Madrid: Akal, 2003.

[55] MIRANDA; RIASCOS, op. cit.

Diferentemente de conteúdos de mídia específicos exibidos em tempos passados, já não se verifica a imagem dos povos originários com um estereótipo exagerado, embora ainda possam ser verificados diversos descuidos no tratamento, além de com regularidade se restringir a apenas determinados coletivos étnicos mais famigerados, em desfavor de vários outros. A questão da estereotipagem de indivíduos indígenas, por exemplo, não é exclusiva da bibliografia dos currículos escolares. Isso se dá uma vez que a concepção de uma comunidade étnica atrelada ao histórico colonizado do país até hoje permanece no subconsciente geral do povo brasileiro, que ignora ou banaliza a circunstância atual dos coletivos originários e as suas reinvindicações históricas perante os diversos modelos colonizantes impostos.

Nesse sentido, é evidente que as demonstrações artísticas latino-americanas se mostram consideráveis expedientes de entendimento dos costumes dos povos originários do continente nos estabelecimentos de ensino e, se forem discutidos de forma apropriada e fundamentada pelos professores, são capaz de vigorar como ferramentas de suplantação da subjugação/dominação/colonialismo. Tais meios de expressão de igual forma podem vigorar como utensílios de constatação de identidade legítimo na posteridade, que servirão como intercessores do bom entendimento no cerne das famílias e do corpo social. No que diz respeito aos livros escolares, é evidente que seus conteúdos são estudados pelos sujeitos em fase de ordenação de ideias, como os discentes, de tal forma que eles podem se fixar como importante meio para a instrução mental e ética. Todavia, é imprescindível que os critérios de escolha dos currículos escolares sejam precisos, a fim de que as apostilas pedagógicas se transformem em aliadas na luta por um sistema didático mais igualitário e imparcial. Assim, infere-se que a abordagem dedicada às demonstrações artísticas latino-americanas é um em meio a vários rumos possíveis nesse panorama.[56]

[56] SILVA; BICALHO, op.cit.

Os trinta últimos anos do século passado representaram o despertar das problemáticas envolvendo os povos originários no horizonte brasileiro, através de numerosos acontecimentos e importantes empreendimentos de diferentes grupos étnicos organizados em torno de suas agendas reivindicantes. Contudo, denota-se que o bolor de velhas e renitentes ideias de incorporação e integração do indivíduo indígena ao modelo do corpo social branco brasileiro ainda não foi dissipado totalmente. No momento em que as comunidades originárias se reconhecem enquanto povos, declarando a si próprias identidades étnicas, o que é uma modificação de posicionamento evidenciada em meados dos anos 1970, fixou-se uma formação de coletivos que pugnam por suas liberdades de sobreviverem como povos capazes de exercer direitos e contrair obrigações. Nesse sentido, o dominado é sempre aquele que não consegue se expressar e, caso o faça, deixa de ser. Os indígenas estão deixando a condição de subordinados no momento em que começam a se comunicar em nome próprio, sem necessitarem de terceiros para substituí-los e lutarem por suas urgências, tomando, então, a posição central das próprias histórias.[57]

Poliene Bicalho tratou sobre o avanço de levantes organizados latino-americanos nos últimos cinquenta anos:[58]

> A partir da década de 1970, percebe-se que a ação de indivíduos organizados social e politicamente reivindicando os seus direitos pode ser compreendida como uma forma de expressão da própria sociedade civil. Nesse sentido, Fernandes observou que "Expressões como 'autonomia', 'autogestão ou 'independência indicavam o *status* adequado dos elementos (indivíduos, movimentos, instituições) que compõem a sociedade civil." Especificamente os movimentos sociais, bastante transitórios nas últimas décadas do século XX e nesta primeira do XXI na América Latina, têm bus-

[57] BANIWA, op. cit.

[58] BICALHO, Poliene Soares dos Santos. *Protagonismo indígena no Brasil*: movimento, cidadania e direitos (1970- 2009). Tese de Doutorado em História. Brasília: Universidade de Brasília – UnB, 2010, p. 20-21.

cado e alcançado "um protagonismo direto na cena política". Esse caráter mais participativo da sociedade civil em países como o Brasil e a Bolívia, por exemplo, é resultado de mudanças ocorridas em um passado recente, em que processos de ruptura lentos e graduais de culturas políticas autoritárias têm se efetivado rumo à construção de sociedades e Estados democráticos.

O colonialismo, em seu aspecto de padrão de dominação, causou enormes decorrências na estruturação dos moldes sociais da América Latina, já que pautou a constituição dos recentes regimes republicanos, concebendo o molde dos institutos oficiais e gerando nesse movimento a subordinação estrutural histórica. A colonialidade estabeleceu a reiteração, ajustada ao capitalismo, das demais maneiras de abuso da mão de obra e assim se desenvolveu um percurso de segmentação coletiva/étnica entre o indivíduo caucasiano e os outros tipos raciais encarados como insignificantes. Embora em cada um dos corpos sociais as composições de indivíduos brancos fossem uma estreita minoria de todo o contingente regional, elas praticaram a dominação e a submissão dos coletivos de indígenas, afrodescendentes e mestiços que habitavam nas repúblicas recém-instituídas. Tais grupos não tiveram obtenção do comando dos modos e recursos produtivos e foram compulsoriamente submetidos à composição de suas abstrações em equivalência aos modelos culturais oriundos da Europa. Dessa forma, o colonialismo da autoridade vigeu de tal maneira que foi factualmente impraticável a instauração de uma verdadeira democracia nessas sociedades. Por consequência, a historicidade da América Latina se caracteriza pela debilidade e opacidade dos Estados nacionais, bem como pela agitação típica de seus corpos sociais.

3.4 Paradigmas conceituais sobre a temática de subjugação e autoridade nos tempos modernos

As pesquisas e abordagens sobre a decolonialidade comungam uma coleção sistematizada de premissas conjecturais que tratam da questão da dominação na Modernidade. Segundo Pablo Quintero, Patrícia Figueira e Paz Concha Elizalde, os dispositivos teóricos são:[59]

> 1 . A localização das origens da modernidade na conquista da América e no controle do Atlântico pela Europa, entre o final do século 15 e o início do 16, e não no Iluminismo ou na Revolução Industrial, como é comumente aceito; 2 . A ênfase especial na estruturação do poder por meio do colonialismo e das dinâmicas constitutivas do sistema - mundo moderno/capitalista e em suas formas específicas de acumulação e de exploração em escala global; 3 . A compreensão da modernidade como fenômeno planetário constituído por relações assimétricas de poder, e não como fenômeno simétrico produzido na Europa e posteriormente estendido ao resto do mundo; 4 . A assimetria das relações de poder entre a Europa e seus outros representa uma dimensão constitutiva da modernidade e, portanto, implica necessariamente a subalternização das práticas e subjetividades dos povos dominados; 5 . A subalternização da maioria da população mundial se estabelece a partir de dois eixos estruturais baseados no controle do trabalho e no controle da intersubjetividade; 6 . A designação do eurocentrismo/ocidentalismo como a forma específica de produção de conhecimento e subjetividades na modernidade.

Os paradigmas etnocêntricos europeus previamente fixados difundiram a noção de uma universalização intangível: o extenso legado do cientificismo e do eurocentrismo concebeu um conceito de universalismo metafísico, que assinala de maneira categórica não apenas a geração do saber, mas igualmente outras esferas da existência, como é o caso da Economia, da Política, da aparência, da intangibilidade, do trato com as forças naturais, etc. Em todos esses âmbitos, nos mais de cinco séculos de historicidade colonial/moderna, os moldes oriundos do continente europeu e de sua cria prezada (a referência norte-americana após a Segunda Grande

[59] QUINTERO, Pablo; FIGUEIRA, Patrícia; ELIZALDE, Paz Concha. Uma breve história dos estudos decoloniais. *Arte e Descolonização*, v. 3, p. 5. São Paulo: MASP e Afterall, 2019.

Guerra) são enxergados como o auge do aprimoramento humano, ao passo que as demais maneiras de estruturação da existência são ponderadas como pré-modernas, antiquadas e errôneas. Desse modo, paradigmas de progresso científico, político e econômico são transmitidos pelos Estados norte-cêntricos ao Sul global, desprezando, no interior dessa logicidade, qualquer perspectiva de anseios de emancipação desenvolvidos pelos indivíduos que residem na região do não existir.[60]

Certas reações eruditas importantes à definição propagada de Modernidade são os movimentos conceituais pós-colonialistas, que demonstram possuir como característica regular uma resposta analítica à herança epistêmica do hemisfério ocidental. A esses estudiosos, o teorema do saber (epistemologia) da Modernidade constitui-se como um ponto vista singular, factual e total do saber, negando e menosprezando todas as outras formas de entendimento do mundo. Trata-se de uma construção epistemológica que, de acordo com eles, retrata, no âmago dos seus controles para raciocinar e agir, as relações de subordinação herdadas da colonialidade.

Através de distintas denominações, tais como pós-coloniais, decoloniais ou teorias do Sul, tais contribuições abstratas inclinaram-se a revelar a divisa cultural estabelecida pelos modelos representativos do Ocidente e a desfazer os modos de raciocínio e os esquemas de entendimento que demarcaram as regiões coloniais como fontes de cultura a serem debatidas. Da mesma forma, tais teorias pretendem desmontar o axioma de que o Ocidente é o genitor e marco racional teórico de todos os indivíduos. Consistem, então, em abordagens que pretendem infringir com a espontaneidade a que concedemos o valor total inquestionável ao conhecer concebido em alguns locais do mundo e, assim, reaver perspectivas e cosmologias oriundas de

[60] BERNARDINO-COSTA, Joaze; MALDONADO-TORRES, Nelson; GROSFOGUEL, Ramón (orgs.). Introdução. *In*: BERNARDINO-COSTA, Joaze; MALDONADO-TORRES, Nelson; GROSFOGUEL, Ramón. *Decolonialidade e pensamento afrodiaspórico*. Belo Horizonte: Autêntica, 2020.

áreas subordinadas que têm o intuito de oferecer resistência ao paradigma etnocêntrico europeu prevalecente e corrente.[61]

O binômio Modernidade/colonialismo exibe-se de maneira deveras diferente a depender do ângulo de visão que adotamos: o passado das noções europeias ou a desigualdade colonialista, os episódios históricos gerados pela colonialidade da dominação nos continentes americanos, asiáticos ou africanos, ou aquelas das cosmologias pretéritas aos convívios com os europeus desde o século XVI, como na composição do globo moderno colonialista, em que os Estados e os corpos sociais da Ásia, da África e das Américas houveram de responder e o fizeram de vários modos e em diferentes ocasiões históricas.[62] Esta e outras intervenções são abafadas no decorrer da História do Ocidente, representando o que Walter Mignolo definiu como *el lado más oscuro del renacimiento*, ou como *the darker side of western modernity*.[63]

O continente europeu, por meio da Espanha, virou as costas para o norte africano e para os territórios árabes a partir do século XVI. Leva-se em conta que, mesmo que não tenham tido condições de reagir ao seu poderio de expansão, ainda mais a partir do século XIX, momento em que o Islã aperfeiçoou o trato com a Europa, o Japão e a China jamais se encontraram sob os domínios imperiais do Ocidente. A parte sul-asiática, a Índia e várias regiões africanas situadas ao sul do deserto do Saara se trataram do alvo dos colonialismos inglês, francês, belga e alemão subsequentes. A composição da Modernidade na Europa e do colonialismo no restante do globo (salvo algumas ressalvas, como é o caso da Irlanda) foi o retrato hegemônico pautado pela colonialidade do poder que faz ser crível

---

[61] LEDA, op. cit.

[62] MIGNOLO, Walter D. A colonialidade de cabo a rabo: o hemisfério ocidental no horizonte conceitual da modernidade. *In*: LANDER, Edgardo (org.). *A colonialidade do saber*: eurocentrismo e ciências sociais – perspectivas latino-americanas. Buenos Aires: CLACSO Livros, 2005.

[63] NAZARENO, Elias. Revisitando o debate acerca da modernidade a partir da colonialidade do poder e da decolonialidade. *Revista Nós*: Cultura, Estética e Linguagens, v. 2, n. 2. Anápolis: Universidade Estadual de Goiás – UEG, 2017.

pensar que não há como existir Modernidade sem que haja colonialidade: o colonialismo então é característico da Modernidade, e não decorrente dela.[64]

Nesse sentido, expôs Elias Nazareno: [65]

> A matriz colonial de poder é uma estrutura complexa de níveis entrelaçados. Em suma, a colonialidade do poder remete a uma complexa matriz ou padrão de poder sustentado em três pilares: o conhecer (epistemologia), entender ou compreender (hermenêutica) e o sentir (aesthesis). Quais seriam, então, as possibilidades de entendimento do que comumente se entende por modernidade, que levasse em consideração aspectos invisibilizados pelo discurso ocidental?
>
> [...]
>
> Obviamente, nem mesmo a avassaladora força da colonização – por meio da qual foram varridos do mundo centenas e milhares de povos indígenas, suas respectivas línguas e seus conhecimentos – foi capaz de silenciar esses povos e esses saberes. Como visto, se a colonialidade do poder é constitutiva do padrão de poder instituído a partir do início do processo que conhecemos como modernidade, a decolonialidade – entendida como resistência política, linguística e de desobediência epistêmica – insere-se no quadro das relações interculturais e também é constitutiva da colonialidade do poder.

No Brasil, ainda são raras as pesquisas sobre a decolonialidade, o que demonstra que existe muito espaço para o fomento de investigações a respeito do tema. Compreender a decolonialidade deságua em conhecer e distinguir os sentidos de colonialismo, neocolonialismo, imperialismo e pós-colonialismo, além da maneira que foram justapostos no avanço histórico do ser humano. Os conteúdos decoloniais da atualidade permitem assimilar as vertentes utilizadas às seguintes palavras:

[64] MIGNOLO, op. cit.

[65] NAZARENO, op. cit., p. 45-46.

A) Colonialismo corresponde a um evento associado às tomadas, aos assentamentos sobre territórios e à dominação política institucional de maneira sistemática dos europeus a partir do final do século XV, através de instrumentos administrativos de regência, mecanismos legais e superioridade bélica, sendo regularmente visto como um procedimento guarnecido de hostilidade. Nessa percepção, o Colonialismo ostenta fortes bases econômicas, tendo fontes de extração de materiais brutos, avançados comércios, mão de obra e poderio militar. Com fundamento de raças ramificadas, tal perspectiva enxerga o continente europeu como próspero, florescente e inovador perante os originários animalescos, arcaicos e atrasados, envolvendo então as dimensões de "nós", os brancos provenientes da Europa desenvolvidos, em face "deles", os defasados. Dessa forma, o colonialismo carrega em seu bojo a condição dos atos do colonizador contra a população colonizada, suprimindo seu passado e cultura, estando, então, associado aos modos de obtenção e desenvolvimento do saber.[66]

B) Neocolonialismo faz referência ao domínio das estruturas econômicas e políticas de um Estado por outro mais hegemônico, sendo normalmente apontado como a colonização de um país subdesenvolvido por outro desenvolvido. No local do antigo colonialismo, hoje é visto o Neocolonialismo como artefato do capitalismo, e sua substância é retratada por um Estado sujeito a outro, tendo seus sistemas econômico e político guiados do exterior. Assim, o Neocolonialismo é uma tática de subjugação que os velhos colonizadores acharam para dominar de maneira diferente os países emergentes.[67]

Outro componente relevante na definição de Neocolonialismo que o distingue do momento estritamente colonial é que esse domínio institucional pode ser manejado por uma associação de corporações

[66] SAUERBRONN, Fernanda Filgueiras; AYRES, Rosângela Mesquita; LOURENÇO, Rosenery Loureiro. Perspectivas pós-coloniais e decoloniais: uma proposta de agenda de pesquisa em contabilidade no Brasil. *Custos e @gronegócio on-line*, v. 13, n. 3. Recife: Universidade Federal Rural de Pernambuco – UFRPE, 2017.

[67] BARBOSA, Wilson do Nascimento. Neocolonialismo: Um Conceito Atual?. *Sankofa – Revista de História da África e de Estudos da Diáspora Africana*, ano 4, n. 8. São Paulo: Universidade de São Paulo – USP, 2011.

ou por um Estado distinto do que regia antecedentemente aquele país colonizado. Nos locais em que o Neocolonialismo se faz presente, a potência que desempenha o domínio por vezes é o próprio Estado que administrou no passado a região em voga, porém não obrigatoriamente isso ocorre. Por exemplo, no Vietnã do Sul, sua antiga potência imperial era a França, porém o controle neocolonial do Estado vietnamita pertence hoje aos Estados Unidos. É viável, então, que o manejo neocolonial seja exercitado por uma união de anseios financeiros que não são particularmente associáveis a qualquer Estado específico, como é o caso do Congo, cujo controle é realizado por amplos interesses financeiros internacionais.

A finalidade última do Neocolonialismo é o aproveitamento do capital estrangeiro para a exploração, em vez de o ser para fomentar o avanço das localidades menos avançadas do globo. Sob o Neocolonialismo o investimento aumenta, ao invés de reduzir, a lacuna entre os Estados abastados e os desfavorecidos do planeta. Todavia, o Neocolonialismo não se restringe ao proveito econômico, vez que usufrui igualmente das antigas práticas colonialistas de penetração de cunho religioso, educativo e cultural.

A título de exemplo, nos Estados emancipados, numerosos docentes imigrados e espécies de embaixadores educacionais sugestionam as mentalidades dos jovens em desfavor de seu próprio país e de sua gente. Atuam, assim, abalando a convicção na regência local e no modelo social, por meio da glorificação de seus conceitos próprios sobre como uma nação deve ser conduzida, esquecendo-se de que não existe exclusividade sobre o conhecimento político. Diga-se de passagem, essa estratégia de predominância foi usada pelas metrópoles europeias desde o cenário de domínio colonial na América, movendo-se pelo decurso de interiorização da exploração europeia na África.[68]

[68] CHAVES, Luiz Carlos Noleto. O neocolonialismo e a emancipação da África: uma leitura a partir de Kwame Nkrumah. *Kwanissa – Revista de Estudos Africanos e Afro-Brasileiros*, v. 3, n. 5. São Luís: Universidade Federal do Maranhão – UFMA, 2020.

C) Imperialismo é constituído, *prima facie*, por uma agregação mundial econômica de fixação e manejo de transações comerciais, de tal maneira que pode ser compreendido como o mais progressivo estágio do colonialismo. A primeira passagem da evolução arrasadora do imperialismo foi estruturada ao redor da conquista europeia das Américas, na conjuntura da organização econômica da Europa do período. Os estragos desse episódio inicial do prolongamento capitalista internacional, incluindo o etnocídio de indígenas e os contrabandos negreiros, geraram os empenhos abolicionistas que indagaram as regras que os controlavam.

Em um estágio posterior, a assolação imperialista foi erguida pautada na Revolução Industrial e se evidenciou pela sujeição colonial asiática e africana. Os verdadeiros intuitos, como se sabe nos dias de hoje, eram o de desafogar os mercados e apropriar-se das reservas nativas que eram encontradas. A ofensiva imperialista uma vez mais gerou as chamas combativas do plano: as revoluções socialistas da China e da Rússia (países localizados nas margens, vítimas do alargamento imperialista) e os levantes para libertações nacionais.

O êxito das insurgências russa e chinesa estatuiu cinquenta anos de pausa (o período imediatamente posterior à Segunda Grande Guerra), que auxiliou na concepção ilusória de que, forçado a se amoldar a tais situações, o capitalismo enfim estava obtendo êxito em se civilizar. Entretanto, na atualidade nos confrontamos com o princípio da evolução de uma terceira onda de desolação do globo, decorrente da ampliação imperialista, alentada pela derrubada da União Soviética e pelos ordenamentos nacionalistas/populistas dos países emergentes. Os anseios do capital dominador encontram-se inalterados: o comando da ampliação dos mercados, a extração dos recursos naturais do globo e a exploração desenfreada das retenções de força do trabalho das margens, mesmo que procedendo em novas circunstâncias.[69]

[69] AMIN, Samir. O imperialismo, passado e presente. *Tempo*, v. 9, n. 18. Rio de Janeiro: Universidade Federal Fluminense – UFF, 2005.

O regime internacional de endividamento das administrações públicas e nacionais aperfeiçoou o antigo modelo de sujeição dos devedores pelos credores, decorrendo em grau macrofinanceiro global e abarcando diversos regimes e governanças. O mecanismo de endividamento combinou-se ao desdobramento de um mercantilismo fiscal e à subjugação econômica restaurada dos Estados submetidos. Com índices de mora variáveis, que eram passíveis de majoração ao critério do credor, o regime globalizado estatui um método de atualização espontânea de um débito que cresce de maneira exponencial e que provavelmente não será quitado, fazendo da sujeição um acontecimento definitivo de colonialismo mercantil, tributário e financeiro.[70]

José Jobson Arruda discorreu no sentido de que o imperialismo é grau evoluído do colonialismo:[71]

> Se o monopólio não existe explicitamente entre as modernas corporações, todo tipo de esforço é desenvolvido no sentido de criar empecilhos de ordem legal e fiscal que estabelecem, de fato, uma teia inexpugnável de proteção. O próprio potencial inovador das grandes corporações dá-lhe uma blindagem quase impenetrável, sobretudo por aquelas que podem mais rapidamente apropriar-se do desenvolvimento tecnológico. Em suma, criar um território virtual protegido em escala mundial, uma fatia preciosa de mercado é a regra dominante do jogo no capitalismo na fase do imperialismo da globalização. Tal constatação é muito mais contundente do que diferenciar fases do imperialismo em seu desdobramento colonialista pela prática ou não da ocupação militar.

[70] CASANOVA, Pablo González. O Imperialismo, Hoje. *Tempo*, v. 9, n. 18. Rio de Janeiro: Universidade Federal Fluminense – UFF, 2005.

[71] ARRUDA, José Jobson de Andrade. Imperialismo multinacional *versus* colonialismo clássico. *Economia e Sociedade*, v. 15, n. 2, p. 427. Campinas: Universidade Estadual de Campinas – UNICAMP, 2006.

D) Pós-colonialismo trata dos resultados da colonização nos costumes vigentes e no corpo social, sendo um termo usado pelos estudiosos de História após a Segunda Grande Guerra para designar, de forma temporal, a passagem ulterior à emancipação das colônias. Nesse sentido, o vocábulo era empregado com mais frequência como um atributo, por operadores da Sociologia e da Ciência Política, para adjetivar as transformações nos Estados e nas economias de ex-colônias, que galgaram a compor o dito Terceiro Mundismo, uma estirpe idealizada nesse mesmo marco temporal. A locução "pós-colonial" propagou-se, naquele momento, no seio da Sociologia do subdesenvolvimento, carregando o intuito de absorver e investigar as circunstâncias e os porquês do retrocesso socioeconômico dessas ex-colônias. A partir daí, o fito das pesquisas pós-coloniais fez-se cada vez maior e diversificado: desde a apreciação da Literatura até as aprendizagens sociais, a memória e a Antropologia. Ademais, a sua essência multidisciplinar traz consigo uma pluralidade de anseios e questões.[72]

Passados os anos 1970, a expressão pós-colonialismo passou a ser empregada para tratar dos vários resultados da colonização. No ordenamento pós-colonial, a globalização ocasiona uma uniformidade mundial, sendo, então, um tipo de homogeneidade guiada pelos personagens que ostentam predomínio político, econômico e cultural. Assim, a pluralidade consiste em uma maneira de resistência. A crítica pós-colonialista é utilizada na averiguação da complicada performance do colonialismo e da oposição a este. A práxis de estudo crítica pós-colonialista é fundamentalmente multidisciplinar, inquietando-se com a composição de subjetividade em métodos e metas coloniais, e enxerga a colonialidade como realidade ao invés de alegoria. Por meio de uma retórica de subjugação e relutância, esse costume de investigação é tenazmente engajado na busca da

[72] BRAGATO, Fernanda Frizzo; CASTILHO, Natalia Martinuzzi. A importância do pós-colonialismo e dos estudos descoloniais na análise do novo constitucionalismo latino-americano. *In*: VAL, Eduardo Manuel; BELLO, Enzo (orgs.). *O pensamento pós e descolonial no Novo Constitucionalismo latino-americano*. Caxias do Sul: Educs, 2014.

multiplicidade cultural. Por conseguinte, são numerosas as possibilidades de abordagem, mormente as associadas à predominância do enfoque nas grandes instituições e no capitalismo mercantil em gerência.[73]

E) Decolonialismo é um termo empregado para abordar as ações, planos, intenções e esforços para a retirada das expectativas da Modernidade e das ocorrências perversas geradas pela colonialidade. A decolonialidade está ligada à elucidação e ao trato indispensáveis à interrupção do fundamento teórico (epistemologia) e da interpretação (hermenêutica) das instituições europeias. Decolonialismo pode ser compreendido no sentido de objeção, distanciamento e remoção do colonialismo. Então, mais do que a mera prática ou consequência de descolonizar, o enfoque do decolonialismo seria remover todos os costumes e culturas enraizadas do colonialismo. Por conseguinte, o decolonial pressupõe uma batalha constante.

Se a descolonização faz menção a episódios passados em que os sujeitos coloniais dominados se rebelaram em oposição aos antigos Impérios e reivindicaram a emancipação, a decolonialidade diz respeito ao levante em face da sistemática da colonização e seus efeitos concretos, epistemológicos e alegóricos. Nessas circunstâncias, a descolonização frequentemente é encarada não como uma realização ou um marco, mas na realidade como um plano inconclusivo. Com frequência, o vocábulo colonialismo é empregado como se fosse o mesmo que colonialidade. Dito isso, descolonizar é o evento/episódio histórico de emancipação política/institucional, ao passo que decolonizar é livrar-se das amarras culturais que se perpetuaram mesmo após a descolonização.

Inversamente ao modelo e à noção temporal ou estritamente experimental da colonização, colonialismo é uma sistemática que é parte integrante da Modernidade, e decolonialismo é uma batalha que almeja encontrar não um distinto traço da Modernidade, mas algo muito maior do que esta. Isso não quer dizer que uma quanti-

[73] SAUERBRONN; AYRES; LOURENÇO, op. cit.

dade de concepções e ações que normalmente achamos "modernas" não comporá esse outro arranjo internacional, assim como não se sugere que aquilo que denominamos Modernidade extinguiu tudo o que sua expressão autorreferida interpretou ser diverso dela, como foi o caso da Filosofia Clássica e uma multiplicidade de conceitos da Idade Média. A Modernidade do Ocidente alcançou sua identidade ao idealizar uma descrição histórica e um entendimento espacial que a fez ser vista como o lugar privilegiado da humanidade civilizada, ao contrário de outras épocas e locais. Contudo, a procura por uma ordem mundial diversa é o empenho pela idealização de uma dimensão onde vários domínios podem subsistir e onde, dessa forma, variadas criações temporais, espaciais e subjetivas podem conviver e interagir de modo produtivo também.[74]

3.5 Os alicerces do etnocentrismo europeu

No caso brasileiro, denota-se que, por mais extensivo que se possa apurar o trato entre o pretérito e a contemporaneidade, as comunidades tradicionais estavam inseridas no regime imperial tracejadas em alegorias, alheias temporal e espacialmente. Decifravam com celeridade as questões do nascedouro e atipicidades locais, essência da consolidação do afastamento entre Brasil e Portugal quando impérios. Eram vistas sob um prisma de marginalidade as temáticas que tratavam da realidade dos coletivos tradicionais no cerne do império brasileiro. A sua existência, quando descrita, consistia em uma parte que retratava o todo, da mesma forma que se achava pautada em uma base literária que idealizava e inventava uma época já passada. Nesse sentido, não só o passado como também grandes contingentes tiveram suas evidências redesenhadas por diversos indivíduos externos, sob um ângulo às vezes magnífico, às vezes não. Assim, características exacerbadas, não necessariamente

[74] MALDONADO-TORRES, Nelson. Analítica da colonialidade e da decolonialidade: algumas dimensões. *In*: BERNARDINO-COSTA, Joaze; MALDONADO-TORRES, Nelson; GROSFOGUEL, Ramón (orgs.). *Decolonialidade e pensamento afrodiaspórico*. Belo Horizonte: Autêntica, 2020.

associadas ao plano real, passaram a compor o plano material e espiritual do nativo romântico.[75]

Geisiane Gomes tratou sobre a narrativa idealizada do indivíduo originário brasileiro:[76]

> Como uma alegoria nacional, era o que se esperava dos homens da boa sociedade nacional: a capacidade de agir "a partir da reta razão e da justa moralidade". Como um objeto narrado, as populações originárias representavam quem elaborava as narrativas românticas e nacionais e não quem habitava e habitara o território agora imperial. Isso excluía ainda mais a sua realidade e seu corpo físico do presente. As imagens, como afigurações, demonstram em seu limite, mais uma visão exterior do que uma interna dessas populações. Estávamos, sociedade envolvente, mais nelas do que aqueles que elas representavam. Como se estivéssemos fielmente informados e instruídos sobre elas, como se os pudéssemos "integrar", a procura de fazer de nós algo, em paralelo a esse outro, em sua verdade, em seu ser.

No cenário habitual da colônia, o contingente colonizante age em todas as esferas, principalmente na econômica, baseando-se em uma apropriação do usufruto político pretérito. Portugal e Brasil colonial transpõem-se, então, a formar um mecanismo, integrando um conjunto basilar associado, com polos referenciais para a formação de cada um dos componentes que eram as conexões de domínio-submissão realizadas entre eles. Do ponto de vista do Estado colonizador, a colônia é um instrumento a ser utilizado visando à satisfação dos interesses da metrópole. Munido dessa mentalidade, pretende montar uma base e introduzir renovadas ferramentas, almejando aproveitar-se das matérias-primas e da mão de obra e empenhando esforços para fragilizar qualquer tipo de insurgência. A metrópole também emite para as classes elitizadas regionais os seus desejos particulares colonizadores, convertendo-se em uma

[75] GOMES, op. cit.

[76] Idem, p. 2-3.

colaboradora interessada, além de agregar a força de trabalho que supre apenas as suas necessidades de cunho econômico. Por fim, mas não com menor relevância, o Estado colonizante incentiva uma sistemática educativa que, de modo geral, serve-se tanto das escolas leigas quanto das missões religiosas, aflorando nos habitantes da colônia a veneração pela inquestionável superioridade da metrópole e de tudo o que representa.

Do ponto de vista da colônia, a metrópole se exibe com um duplo semblante, de aparência dúbia, pois associa atributos opostos e díspares, mas simultâneos. Toda colônia desenvolve relativamente à metrópole tanto circunstâncias de subjugação quanto de ressentimento, profundamente associadas. Quanto a isso, são observadas em intensidades distintas, sendo preponderante ora a dominação, ora o contrário. Ferramentas de acomodação estão sendo, assim, associadas às trajetórias de desprezo e ações transformadoras, criadoras da destruição dos modelos conhecidos, associando-se a assuntos de oposição e que se baseiam nas composições e nos valores que os colonizados creram ser fundamentais.[77]

Francisco Quintanilha asseverou que o legado cultural e jurídico etnocêntrico europeu compôs o formato moderno das instituições latino-americanas:[78]

> Na história da colonização da América Latina por Espanha e Portugal, herda-se uma cultura jurídica no formato do modelo hegemônico eurocêntrico da época que iria perpassar além das ideias, mas igualmente a formação das instituições jurídicas e políticas no continente. De acordo com Antônio Carlos Wolkmer (2013, p. 21), embora a independência das colônias no início do século XIX, não houve uma real e efetiva mudança

[77] QUEIROZ, Maria Isaura Pereira de. Educação como uma forma de colonialismo. *Cadernos Ceru*, v. 25, n. 1. São Paulo: Universidade de São Paulo – USP, 2014.

[78] VERÁS NETO, Francisco Quintanilha; SCHNEIDER, Giselda Siqueira da Silva. O ideal de bem viver: diálogo e contribuição da cultura milenar dos povos originários da América Latina, p. 2. *II Seminário Internacional Imagens da Justiça, Currículo e Educação Básica*. Pelotas: Universidade Federal de Pelotas, 2014.

> em relação ao domínio dos países metrópoles, "mas tão somente uma reestruturação, sem uma ruptura significativa na ordem social, econômica e político-constitucional". Então, aos poucos se incorpora com as devidas adaptações, princípios desde a ideologia econômica capitalista, do liberalismo econômico individualista e da filosofia positivista.

Essa conjuntura teve consequências que levam a uma ponderação teórica sobre as classes sociais contemporâneas na América Latina. Os dinamismos nucleares e determinantes dos corpos sociais atuais decorrem das conexões mais adiantadas e operantes do regimento de classes. Todavia, existem particularidades em comparação às sociedades capitalistas da Europa e da América do Norte, uma vez que as sociedades da América Latina não se ordenam para um progresso autônomo dos campos econômicos, sociais e culturais. A composição segmentada do excedente econômico e a perpetuação dos privilégios senhoriais na composição da capacidade mental burguesa são atributos que se unem a um resultante sistema padronizado de mercantilização do trabalho. Verifica-se a adequação de heranças coloniais na sequência da modernização e a marginalização das classes menos influentes dos processos históricos e sociais, sendo negada até mesmo sua presença como classe dotada de direitos a serem resguardados, como ocorreria no que foi chamado capitalismo "maduro".

A composição social de trato competitivo encara a diversidade das disposições de cunho econômico, social e político como uma ocorrência conforme. Entretanto, não a reconhece como acontecimento social, nem como fato político. Aqueles que se encontram marginalizados dos privilégios econômicos, socioculturais e políticos são igualmente banidos dos valimentos sociais e políticos. Os marginalizados são imprescindíveis para a manutenção da sistemática de dominação burguesa, que se compõe dessa forma.[79]

[79] FERNANDES, Florestan. Problemas de conceituação das classes sociais na América Latina. *In*: ZENTENO, Raúl Benitez. *As classes sociais na América Latina*. Rio de Janeiro: Paz e Terra, 1977.

Em virtude do número de subjugados, a dominação por meio da coerção encontra dificuldades concretas, afinal ela não é o bastante para abranger integralmente o corpo social submetido. Essa é a razão pela qual se socorre de outros métodos imperativos mais discretos, entre os quais a ação educativa vai ser o melhor auxílio. Um desses instrumentos é a instauração da separação entre exploradores e explorados, de maneira que seja dificultada a aproximação entre eles. Contudo, a circunstância de superioridade é vista com bons olhos e habitua-se o nativo a ela, mesmo que a contornando com obstáculos basicamente insuperáveis.

Maria Isaura Queiroz expressa que a educação fornecida pela metrópole aos colonizados é um expediente para conservar o modelo de exploração:[80]

> A educação, conscientemente dominada pela metrópole, passa a ser um instrumento voltado para a adaptação, cuja finalidade principal é destruir ou pelo menos amenizar os processos de resistência ou de recusa. O aprendizado de comportamentos autóctones ou de comportamentos contestatários não é considerado "educação", e sim resistência do estado de barbárie, e é portanto reprimido.
>
> Não esquecer que numa situação colonial, as relações de dominação-subordinação se estabelecem entre uma minoria étnica numericamente insignificante mas de superioridade material indiscutível, e uma maioria étnica numericamente volumosa, porém dotada de meios materiais rudimentares ou pelo menos medíocres.

O cenário de negações por parte dos subjugadores é mantido por um conjunto de pretensas explicações de sua superioridade, consolidadas na disseminação de ideais de predominância e de primazia e de que a principal demonstração é a situação de avanço material que ostentam. A guarida fática ou de direito que a metrópole desempenha sobre a colônia derivaria, nos termos desse

[80] QUEIROZ, op. cit., p. 20.

raciocínio, dos atributos elevados da pessoa do colonizador, pois transmite que pertence a uma raça superior e que sua nacionalidade é diferenciada. O transcorrer da História é chamado, revelando, então, que foi sugerido que a situação de subalternidade da colônia estava justificada.[81]

Na dimensão da decolonialidade epistemológica, Walter Mignolo teceu considerações sobre o sistema moderno, que possui como alicerce a experiência colonial latino-americana. Segundo seus trabalhos, o imaginário da Modernidade é uma criação metafórica em que a humanidade ocidental se multiplicou em seu meio e no resto do mundo partindo de uma sistemática de categorias raciais, de gênero, linguísticas e espirituais. É tal visão de mundo etnocêntrica europeia que nos últimos quinhentos anos tem sugestionado a Filosofia e os outros conhecimentos humanísticos da Modernidade, contribuindo para a reedição da conjuntura colonial. É fundamentada na assertiva de supremacia desfrutada pelo continente europeu que se guia a teoria da ciência da Modernidade e que se delineia uma narrativa de disseminação europeia pelo mundo, certificando e reforçando a totalidade de seus anseios internacionais. Para essa idealização do Ocidente, devem-se posicionar cara a cara edificações epistemológicas subordinadas com o intuito de desfazer e elucidar o molde de mundo que tem como início o colonialismo.[82]

Mignolo reafirmou o que outrora foi atestado por Aníbal Quijano: que o eurocentrismo, como conhecimento imperial cujo ponto de origem é a Europa, é uma questão não de geografia, mas de epistemologia. Tal afirmação apoia-se na observação de que o conhecimento ocidental é fundado em duas línguas clássicas (grego e latim) e é desdobrado nas seis línguas europeias moderno-coloniais e imperiais: italiano, espanhol, português (as línguas vernáculas da Renascença e do início fundação da Modernidade/colonialidade) e francês, alemão e inglês (as três línguas vernáculas que domina-

[81] QUEIROZ, op. cit., p. 20.

[82] LEDA, op. cit.

ram desde o Iluminismo até hoje). Os eurocentrismos podiam ser encontrados e reproduzidos nas colônias e ex-colônias, bem como em localidades que não foram colonizadas diretamente (rotas de dispersão).

Portanto, a epistemologia de fronteira emerge da exterioridade: não da exterior propriamente dita, mas da aparência inventada no processo de criação da identidade de dentro, que é a Europa cristã do mundo moderno/colonial. Tal epistemologia também deriva dos indivíduos colocados entre as línguas imperiais e as linguagens do pensamento renegado e expulso da morada do conhecimento imperial. Se explorarmos como a estética foi concebida e defendida e como a arte foi praticada no século XVIII, veremos que a hierarquia das linguagens anda de mãos dadas com a hierarquia do conhecimento e da arte e literatura.[83]

A dimensão decolonial também se apresenta como uma proposta política/científica que está gravada nos mais de quinhentos anos de reivindicações dos povos do continente africano: não restam questionamentos de que uma das proezas do coletivo investigativo sobre o colonialismo/Modernidade foi categorizar e demonstrar objetivamente reflexões que se encontravam espalhadas nos conteúdos produzidos por certos pesquisadores dos costumes da consciência afro, assim como as demais convenções oriundas do terceiro mundo desenvolvidas (interior ou exteriormente) das balizas dos Estados do centro-norte. Outra aptidão foi colocar em evidência e como prioridade a relevância da etnia e da raça como grandeza que rege a sistemática internacional do que é moderno e colonial. Discriminação e desprezo à certas raças é uma prática constituinte que estabelece, de dentro para fora, a totalidade de interações de subjugação da Modernidade, desde a categorização global do labor até as classes de gênero, de religião, de linguagem e de ordenação do pensamento. A abstração da concentração de

[83] MIGNOLO, Walter D. *The darker side of Western Modernity*: global futures, decolonial options. Durham: Duke University Press, 2011.

etnia e seu trato com o capitalismo do passado e presente podem ser localizados no longevo costume do pensar e das contestações das nações e coletivos afrodiaspóricos.[84]

Adelia Miglievich-Ribeiro teceu a consideração de que a Modernidade não é de todo negativa, embora não deva ser olvidada sua face oculta colonial:[85]

> Ao ressaltar a face oculta da modernidade – a colonialidade – não se despreza a cosmologia moderna que moldou valores tais quais liberdade, igualdade, democracia ou os direitos humanos ou propõe um saber dos povos do sul contra os saberes produzidos no mundo do norte, mas exige, de um lado, a contextualização das categorias explicativas (e normativas) até então naturalizadas como absolutas, exibindo a necessidade de sua tradução para os novos cenários cujos agentes, portadores de outros repertórios, virão ressignificar seus conteúdos; de outro lado, a crítica pós-colonial verifica, na cosmovisão moderna hegemônica, suas contradições, camufladas e desastrosas. Percebe nesta as operações de exclusão e desumanização mediante a produção da diferença colonial.

Partindo da aproximação entre o Velho e o Novo Mundo, a historiografia conseguiu atestar a fúria capitalista mercantil que erradicou milhares de indivíduos originários. Verificou-se a ação de resistir, ainda que os nativos quase nada tinham como se defender das enfermidades e padecimentos epidêmicos importados pelo indivíduo europeu, além de outros motivos diversos e difíceis que ocasionaram o extermínio em larga escala dos povos tradicionais de toda a região da América. Não foi proveitosa a postura adotada por certos grupos religiosos da Europa e pelos componentes regenciais da metrópole de aglutinação de contingentes autóctones,

[84] BERNARDINO-COSTA, Joaze; MALDONADO-TORRES, Nelson; GROSFOGUEL, Ramón (orgs.), op. cit., 2020.

[85] MIGLIEVICH-RIBEIRO, Adelia. Por uma razão decolonial: desafios ético-político-epistemológicos à cosmovisão moderna. *Civitas – Revista de Ciências Sociais*, v. 14, n. 1, p. 68. Porto Alegre: Pontifícia Universidade Católica do Rio Grande do Sul – PUCRS, 2014.

conjuntamente com o incentivo às batalhas e hostilidades indígenas geradas pelo anseio de obtenção de mais mão de obra escravizada, dos combates visando à tomada de terras e da condição em que indivíduos nativos de aldeias eram cooptados para guerrearem contra outros indígenas considerados violentos ou indisciplinados aos desejos do europeu. Igualmente, não devem ser ignorados os motivos que contribuíram de modo crucial para o morticínio de populações originárias latino-americanas, as enormes ondas de fome que frequentemente compunham as lutas e batalhas, o resultante desmantelamento das organizações sociais até aquele momento vigentes, as fugas para regiões em que se ignorava a existência de riquezas naturais, sobretudo com inevitabilidade de luta campal com aqueles que já ocupavam aqueles locais e a subjugação da mão de obra dos indígenas.[86]

Clovis Brighenti expôs a possibilidade de uma nova compreensão que transgride o passado colonial e rompe com inclinações sugestionadas pelo cientificismo positivista do século XIX, fazendo uso de novas epistemologias latino-americanas:[87]

> O "saber científico" que se propagou na América Latina ao longo do século XIX estabeleceu que o lugar reservado aos povos indígenas era fora da História. Ao tornar-se independente de Portugal, o Brasil não se independentizou da colonialidade. As teorias sobre indígenas continuaram afirmando que eram povos a-históricos sendo vistos de forma idílica e animalesca, na dualidade tupi X tapuia, amigo X inimigo, colaborador X selvagem, exaltando na literatura indianista a figura do tupi como dócil, amigo e heroico - mas que, na visão da época, não mais existe - e se condena o tapuia, "botocudo", que defende seus territórios contra a penetração do capitalismo – o indígena real, presente no interior do Brasil. O indianismo

[86] CUNHA, Manuela Carneiro da Cunha (org.). *História dos Índios no Brasil.* São Paulo: Companhia das Letras; Secretaria Municipal de Cultura: FAPESP, 1992.

[87] BRIGHENTI, Clovis Antonio. Apresentação do dossiê sobre povos indígenas e estudos decoloniais. *Revista Epistemologias do Sul,* v. 2, n. 2, p. 5. Foz do Iguaçu: Universidade Federal da Integração Latino-Americana – UNILA, 2018.

é o ícone do que representou o pensamento intelectualizado brasileiro no século XIX e, que adentrou o século XX. Esse tema também fundamentou o ensino durante gerações e os lugares que a sociedade brasileira reservou a esses povos. Manuela Carneiro da Cunha (2002) observa que é importante saber se essas imagens revelam de fato os povos indígenas ou são partes de nossos antigos fantasmas.

Mesmo com esse cenário, variadas comunidades originárias exerceram resistência e subsistiram, vigorando de forma capaz a atestarem na atualidade a respeito de seus olhares. Assim, o levante decolonial, elemento de avanço de diversos coletivos reivindicatórios de direitos, pode ser entendido através da análise de que o cenário de hostilidade que se fixou nos primeiros decênios de colonização foi lançado e reproduzido no decorrer dos centenários posteriores por um corpo legislativo quase sempre ineficaz e parcial, pretensamente em desfavor de minorias originárias. À medida que os indígenas brasileiros passaram a ser mencionados expressamente pelo texto constitucional de 1988, puderam pela primeira vez experimentar a liberdade, a autonomia e a autoconfiança, pressupostos para que se consolide a autorrealização do ser humano.

A recognição e a proteção de garantias em uma esfera jurídica permitem que a autorrealização se ordene na esfera da consideração social, tendo interações que demandam a partilha. Aquele que se enxerga como uma pessoa inclina-se a desenvolver a autoconfiança na vivência do afeto (que se origina e funciona na área afetiva e emocional nos ambientes da família e da comunidade), no respeito próprio na vivência da recognição jurídica no campo ético e na experimentação da solidariedade, que se dá na área da altivez social. Nessa toada, distinguir um modelo de caridade social converte-se no anseio dos indivíduos originários abalizados socialmente, providos de discernimento e autoestima, aptos a discursarem por si próprios e a batalharem com o intuito de que, como cidadãos independentes no sentido jurídico, possam alcançar a dignidade e apreço no tempo futuro em relação aos demais cidadãos historicamente privilegiados.

Esse é o caminho para o alcance da validação social dos direitos dos povos originários latino-americanos.[88]

Tendo como ponto de partida essa conjuntura, torna-se possível refletir que existiu, concretamente, uma atividade de duas faces, afinal as populações tradicionais assimilaram conhecimentos por meio do trato político com os indivíduos não nativos, ao passo que estes assimilaram saberes indígenas, quiçá contra a própria vontade em algumas situações. Os indígenas puderam assimilar ideias teóricas, como etnocentrismo, erudição, emancipação, independência, dentre outras, e botá-las em funcionamento nas tratativas negociais políticas com os órgãos de regência. Os líderes das populações originárias adotaram uma posição admoestadora perante o corpo social do Brasil, em conjunto com a busca em tornar habitual a face das comunidades indígenas, não só nacional quanto internacionalmente. Tal tendência de se mostrar ao restante do povo brasileiro de maneira autônoma e não mais sob a curatela de órgãos ou entidades representativas teve como consequência o desenvolvimento de estratégias e objetivos que transitaram por uma agenda de requisições que envolveram desde a recomposição de órgãos representativos até a reinvindicação pela preservação de regiões tradicionais em face de esbulhadores e exploradores.[89]

De outro ponto de vista, a Constituição Federal brasileira de 1988 traz consigo o alvitre do pluralismo, porém de maneira diminuta, sem a devida protuberância inclusiva, considerando que as políticas públicas atuais a favor das comunidades tradicionais são ainda escassas para a verdadeira salvaguarda do direito à autodeterminação, já que nem o direito essencial de demarcação de terras foi devidamente materializado. As terras demarcadas são de propriedade da União como prevê o texto constitucional, o que acaba sugerindo para alguns o ensejo, ao menos parcial, de limi-

[88] BICALHO, op. cit.

[89] MUNDURUKU, Daniel. O *caráter educativo do movimento indígena brasileiro (1970-1990)*. São Paulo: Paulinas, 2012, p. 219.

tação da autonomia dos povos originários. Dessa maneira, em que pese exista a garantia positivada na Constituição, ainda fazem falta expedientes para a efetivação das garantias indígenas. Outrossim, mesmo que com acanhado caminhar, ainda há longo percurso a ser trilhado a fim de seja recriado o contexto do Estado brasileiro.[90]

[90] SANTOS, Rízia Nayla. *Direito à autodeterminação dos povos originários sob a ótica do Estado plurinacional*: as possibilidades a partir da experiência boliviana. Monografia de graduação em Direito. Lavras: Centro Universitário de Lavras, 2020.

4.

A JORNADA DECOLONIAL COMO EXPEDIENTE DA PEDAGOGIA E DE TOMADA DE CONSCIÊNCIA

É possível afirmar que a concepção latino-americana do decolonialismo apresenta vários enfoques alinhados com o que foi estudado e escrito pelo pedagogo pernambucano Paulo Freire, no livro *Pedagogia do oprimido*, publicado no ano de 1968, apontando a feição pedagógica que essa linha de pensamento apresenta na área das Ciências Sociais. Existe um expressivo alinhamento entre determinados pontos tratados na obra de Freire e os estudos realizados por Aníbal Quijano e Walter Mignolo. As reflexões produzidas por esses dois derradeiros estudiosos auxiliaram a docência no campo das Ciências Sociais ao sugerirem um "lócus de enunciação" diferente, partindo dos paradigmas da Modernidade e do colonialismo. Isso ocorreu pelo fato de que, do mesmo modo que a obra *Pedagogia do oprimido* sugestiona formas de desfazer o arranjo de um sistema opressor, o método decolonial sugere métodos diferentes com a intenção de desconstruir o mito do etnocentrismo europeu.[91]

A citada obra de Paulo Freire deságua em certos assuntos cruciais da consciência latino-americana que até os dias de hoje são atuais. Além do permanente aspecto marxista contido, encontram-se elementos da Teologia da Libertação, vez que é corriqueira a utilização de locuções como "comunhão com os oprimidos" ou "testemunho da libertação". Em determinados pontos, é usada a locução "esfarrapados do mundo" para dizer respeito aos sujeitos oprimidos, e pode-se notar uma associação à derradeira produção literária decolonial da América Latina, na ocasião em que Freire usa a correlação colônia/metrópole (oprimido/opressor) para referenciar métodos opressores de sobreposição de cultura: em verdade, qualquer espécie de exploração conjectura uma usurpação, não apenas material e explícita, mas eventualmente encoberta, em panorama que o ofensor se exibe como o defensor amistoso que oferta ajuda e apoio. Em seu âmago, a incursão é um modo de hegemonia política, econômica e cultural em relação ao sujeito-alvo. Tal violência é praticada por um corpo social central oriundo da metrópole contra uma população submetida, ou então é cometida discretamente por um estrato social sobre outro no cerne de uma mesma coletividade.[92]

Camila Penna trouxe à luz o paralelo entre o que Paulo Freire denominou de "estrutura opressora" e o que Aníbal Quijano e Walter Mignolo chamam de "colonização do ser" ou "colonização cognitiva":[93]

[91] PENNA, Camila. Paulo Freire no pensamento decolonial: um olhar pedagógico sobre a teoria pós-colonial latino-americana. *Revista de Estudos & Pesquisas sobre as Américas*, v. 8, n. 2, p. 182-183. Brasília: Universidade de Brasília – UNB, 2014.

[92] FREIRE, Paulo. *Pedagogia do oprimido*. 47. ed. Petrópolis: Vozes, 2005.

[93] PENNA, op. cit.

> Cumpre observar que a "Pedagogia do Oprimido", desenvolvida a partir da experiência do autor como educador no Brasil e em outros países, toma como ponto de partida uma realidade que ele identifica como comum a toda a América Latina – a qual ele denomina "estrutura opressora". Em alguns momentos a obra faz alusão à sobreposição entre essa estrutura opressora e a realidade em países colonizados, notadamente quando aponta para uma possível razão do fatalismo dos oprimidos, "é fruto de uma situação histórica e sociológica e não um traço essencial da forma de ser do povo" (Freire, 2005, p.54), e quando faz referência às "sociedades invadidas". Mais especificamente alguns pontos levantados por Freire (2005) sobre a estrutura opressora e sobre as características dos oprimidos se aproximam do que Quijano (2005) e Mignolo (2007) chamam de "colonização do ser" ou "colonização cognitiva".

O processo de usurpação cultural descrito por Paulo Freire converge muito com o fenômeno da "colonização do ser" que os estudos decoloniais se propõem a expor. Como expressão de façanha e apoderamento, a expugnação cultural leva à desqualificação da identidade dos que são agredidos. O seu roteiro atende ao conteúdo valorativo de seus personagens, a seus paradigmas e aos seus objetivos. Um pressuposto elementar ao triunfo da imposição cultural é a aceitação por parte dos lesados de sua inferioridade interior. Desse modo, quanto mais intensa a intrusão, afastando o sujeito invadido de sua cultura e de sua identidade, mais o invadido desejará se assemelhar aos invasores: andando, vestindo-se e falando à maneira deles.[94]

Assim, decolonialismo, na direção do que propôs o educador Paulo Freire, se refere à contestação inexorável e busca a suplantação dos mais diversos tipos de coação e intolerância exercidos contra estratos sociais e coletividades subjugadas pelo grupamento de personagens e por interações/edificações de dominação e de segregação. Em suma, decolonialidade é a recusa à sujeição aos efeitos

[94] FREIRE, op. cit., p. 174-175.

discriminatórios oriundos da Modernidade/colonialidade. É por isso que Catherine Walsh afirma que decolonialidade compreende-se como o empenho em infringir, desprender e recair na denegação teórica, epistemológica e fisiológica que foi e é plano, objetivo e consequência do poderio do colonialismo. Tanto as concepções de Freire quanto as de Walsh deságuam no que foi exteriorizado por Walter Mignolo ao dizer que decolonialismo é uma linha de pensamento que não se permite ser conduzida pela dialética que rege o colonialismo, a não ser que se dê credibilidade aos contos e fábulas da Modernidade. Posto isso, a amálgama colonialidade/Modernidade, tão constante nos escritos de Paulo Freire, embora sob outros nomes, deve-se à preocupação que esse estudioso teve em encarar a colonialidade como componente intrínseco e não consequencial da Modernidade, além de ter enxergado que a colonialidade é a feição escura da Modernidade.[95]

Com o início da colonização, houve a aproximação de dois mecanismos: a formulação da diferenciação entre ofensores e subalternos sob critério de raça/etnia e a enumeração de todas as matrizes históricas de exploração da força de trabalho em prol da economia global, com o padrão de produção capitalista tornando-se referência ao mundo a partir da "descoberta" da América. Esses dois processos não apenas eram compatíveis, como estiveram concatenados e se robusteciam reciprocamente. Do mesmo modo, com o "descobrimento" do continente americano, encontrou-se espaço para a concepção de arranjo de tipos de trabalho em conformidade com a raça. Em outras palavras, as etnias entendidas como inferiores não tinham como fazer jus à retribuição salarial e eram merecedoras da sujeição aos trabalhos forçados. Cada tipo segmentado de trabalho equivalia a um desmembramento geográfico, podendo ser designado como identidade geocultural.

---

[95] MOTA NETO, João Colares da. Paulo Freire e Orlando Fals Borda na genealogia da pedagogia decolonial latino-americana. *Folios – Revista de La Facultad de Humanidades*, n. 48. Bogotá: Universidad Pedagógica Nacional, 2018.

Camila Loureiro concluiu, em sua dissertação de mestrado, que a teoria freireana colaborou na consolidação de uma linha de pensamento que insurge em face de referências hegemônicas subjugadoras:[96]

> Portanto, interpretamos nessa dissertação, que Paulo Freire contribuiu para uma epistemologia de valorização decolonial de práticas pedagógicas calcadas nas experiências históricas que questionam referenciais europeus e estadunidenses. O seu caráter antideterminista e antipositivista e a sua confiança na possibilidade de democracia (mesmo no ambiente político de ditaduras militares), dá suporte para o questionamento da educação neoliberal. E elementos apresentados anteriormente demonstram através do diálogo Freire se encontra nas bases de produção de uma pedagogia orientada para a transformação social e de recusa a homogeneização moderna. Em Freire, o problema colonial assume sentido prático e concreto na luta anticolonial e decolonial.
>
> [...]
>
> Então, Freire constrói a sua pedagogia atravessada por dimensões práticas, políticas e sociais, ao propor uma educação comprometida com o povo e não com as elites. O autor historiciza a si mesmo, compreendendo que a democracia não está dada nos países da Abya Yala. Na colonização predatória com pessoas e com a natureza, se buscou eliminar formas de coexistência com a terra, bem como relegar homens e mulheres indígenas e negros (as) africanos (as) ao trabalho escravo.

A identificação de geoculturas no continente americano constitui-se cedo, compondo a base do reconhecimento e da assimilação geocultural da Europa, originando a concepção de Modernidade, em contraste com o ambiente colonial "primitivo" e "retrógrado". Nesse pano de fundo, emergiu em compasso a noção eurocentrista que lançou, como apontou Aníbal Quijano, a percepção intelectiva

[96] LOUREIRO, Camila Wolpato. *Paulo Freire, autor de* práxis *decolonial?*. Dissertação de Mestrado Interdisciplinar em Ciências Humanas, p. 92. Erechim: Universidade Federal da Fronteira Sul – UFFS, 2020.

do processo colonizador. Adjacente à colonização de caráter tangível e concreto, existia a ação colonizadora visando à cognição e ao intelecto do indivíduo, tendo o etnocentrismo europeu como instrumento de consolidação de hegemonia e estando baseada em uma pressuposta ocorrência de traço evolutivo entre raças, o que diferenciava o continente europeu do "restante do mundo".[97]

É também evidente a correlação entre os pensamentos de Paulo Freire e da estudiosa norte-americana radicada no Equador, Catherine Walsh. As pedagogias de cunho decolonial incentivam a reflexão que parte de ascendências, discernimentos, saberes, ações e estruturas de civilização e de existência diferentes. Tais campos de estudo sugerem oportunidades de estar, ficar, experimentar, viver, agir, refletir, ver, ouvir e conhecer de maneira diversa modelos pedagógicos direcionados a procedimentos e propostas de feição, cunho e anseio decolonialistas. Walsh aduz que tal percepção se associa à denominada "pedagogia crítica" fomentada por Paulo Freire nos idos de 1960 e resgatada por numerosos docentes populares e militantes intelectuais de todo o globo até o início da década de 1990, quando passa a desidratar em virtude do ápice da proposta neoliberal e da extenuação do ímpeto revolucionário marxista, no contexto de derrubada do muro de Berlim e do desfazimento da União das Repúblicas Socialistas Soviéticas (URSS).[98]

Em contrapartida, igualmente na década de 1990, elevam-se com tenacidade os levantes indígenas na América Latina, rebatizada como Abya Yala. Abya Yala, no idioma do povo Kuna, quer dizer "Terra madura", "Terra viva" ou "Terra em florescimento", e é expressão com sentido aproximado de América. A etnia Kuna é oriunda da Serra Nevada, localizada no norte colombiano e, na atualidade, vive na costa caribenha do Panamá na comarca de Kuna Yala (San Blas). Abya Yala vem sendo utilizada como uma autodenominação

[97] PENNA, op. cit.

[98] WALSH, Catherine. Introducción. Lo pedagógico y lo decolonial: entretejiendo caminos. *In*: WALSH, Catherine (org.). *Pedagogías decoloniales*: prácticas insurgentes de resistir, (re) existir y (re)vivir, Tomo I. Quito: Ediciones Abya-Yala, 2013.

das comunidades originárias do continente como oposição ao uso de América, nome que, ainda que usado pela primeira vez no ano de 1507 pelo cosmólogo alemão Martin Wakdseemüller, só se consolidou no final do século XVIII através das elites crioulas, para se assentarem em dissonância aos conquistadores da Europa no cerne dos episódios de emancipação.[99]

A expressão Abya Yala é cada vez mais empregada pelos povos tradicionais da América Latina com o objetivo de erigir um senso de coesão e pertencimento. É a partir dos anos 1990, então, que seu levante de caráter transformador tem a rota recalculada e redefinida. Não consta em sua agenda somente a problemática social, que é associada à isonomia e à erradicação dos desequilíbrios entre indivíduos, mas de igual forma as temáticas étnico-raciais tomam posição de evidência e conferem novos delineamentos e intenções à Pedagogia, que na atualidade pode ser reconhecida como decolonial.[100]

[99] PORTO-GONÇALVES, Carlos Walter. Abya Yala. *In*: JINKINGS, Ivana (org.). *Enciclopédia Latino-americana*. São Paulo: Boitempo, 2015.

[100] WALSH, op. cit.

5.

A CORRELAÇÃO DA COLONIALIDADE AO "RACISMO ESTRUTURAL"

Na Antropologia, o estruturalismo está particularmente associado aos estudos de Claude Lévi-Strauss e, a partir dele, houve uma grande influência na mais recente Antropologia Marxista. O atributo mais marcante do método estruturalista é que ele toma como objeto de estudo um "sistema", ou seja, as inter-relações de um grupo de eventos, e não de eventos individuais considerados isoladamente. Seus conceitos-chave são a totalidade, a autorregulação e a transformação. Para Lévi-Strauss, assim como para Karl Marx, as estruturas não são realidades diretamente visíveis ou notadas, mas níveis de abstração que existem além das interações visíveis entre os indivíduos e cujo comportamento constitui a logicidade mais acentuada do sistema social. Essa noção de uma estrutura real por trás das aparências influenciou não apenas a Antropologia, mas também a Economia Política de Marx, na qual a análise da mercadoria desempenhada em sua obra, *O capital*, é considerada um exemplo de análise estrutural, e a Sociologia, sobretudo no estudo das classes sociais e do Estado.

Marx entendeu a sociedade contemporânea (e todos os formatos anteriores de sociedade) como um resultado e que a problemática da reprodução histórica de uma determinada forma de produção ou de determinado modelo de sociedade deve ser postulada. Tudo isso (sendo essencial, para a política marxista, que a sociedade seja compreendida e analisada sob qualquer contexto histórico em toda sua complexidade) se resume na definição de formação social: uma estrutura com traço dominante. Sua causalidade, denominada estrutural, rege o desenvolvimento histórico. Nessa direção, os seres humanos não são os autores desse processo, que não depende de ninguém para dar-lhe ignição e colocá-lo em movimento. Portanto, os indivíduos são apenas apoios e resultados das estruturas e das relações da formação social.[101]

Perante as diversas alternativas de se examinar a natureza do racismo na América Latina e no Brasil, uma das feições exibidas por essa maneira de oprimir e discriminar equipara-se ao chamado racismo estrutural, quer dizer, um modelo de opressão cuja execução supera a mera composição das instituições, afinal transcende desde o formato estético até todos os espaços e organizações das esferas particular e pública, sendo, então, estruturante das mais variadas interações sociais e, assim, fazendo parte da configuração de todo o corpo social, por este naturalizado. Estudar a correlação do racismo estrutural com o colonialismo implica, portanto, um importante subsídio para o entendimento das complexas dimensões que transpassam as sociedades das ex-colônias.[102]

Foi tratado no capítulo anterior que a descolonização foi o evento/episódio histórico de emancipação institucional/política das ex-colônias,

101 BOTOMMORE, Tom (org.). *Dicionário do pensamento marxista*. Rio de Janeiro: Zahar, 1988.

102 BERSANI, Humberto. Racismo estrutural e o direito à educação. *Educação em perspectiva*, v. 8, n. 3. Viçosa: Universidade Federal de Viçosa – UFV, 2017.

ao passo que decolonizar é se livrar das amarras culturais que se perpetuaram mesmo após a descolonização. Então, pode-se afirmar que a herança colonial está intimamente associada ao racismo estrutural. Isso se deve ao fato de que a discriminação é banalizada no dia a dia e muitas vezes é vista como normal pelo próprio subjugado e violentado.

Por equiparar-se a uma estrutura, o racismo não se encontra somente no campo da consciência, afinal a estrutura é inerente ao inconsciente. Ele extrapola a alçada institucional, já que se situa no âmago da sociedade e, destarte, é oportuno para conservar, multiplicar e recriar dessemelhanças e privilégios, desnudando-se como instrumento posicionado para perenizar a situação presente das coisas. Trata-se de um componente estrutural na América Latina e no Brasil porque é configurado desde a convalidação do escravismo colonial como método de produção, e o estudo a respeito desse tema foi sistematizado pelo estudioso Clóvis Moura pelo emprego das locuções escravismos pleno e tardio.[103]

Para a antropóloga brasileira Lélia Gonzalez (1935-1994), a primeira coisa que pode ser notada sobre o racismo é que todos o acham natural e que o homem negro tem que viver na miséria. A razão disso é que, para o inconsciente coletivo, este último tem alguns atributos que não são interessantes: irresponsabilidade, incapacidade intelectual, estupidez, etc. Portanto,

> (...) é natural que ele seja perseguido pela polícia, afinal ele não gosta de trabalhar, porque é vagabundo. Se ele não trabalha, é um bandido e, se ele é um bandido, é um ladrão. Então, naturalmente, ele deveria ir para a cadeia. Negro menor de idade só pode ser um ladrãozinho ou um batedor de carteiras, afinal filho de peixe, peixinho é. Já a mulher negra, claro que é cozinheira, camareira, criada, cobradora de ônibus ou prostituta. Basta ler o jornal, ouvir o rádio ou assistir à televisão. Eles não querem nada da vida, portanto por óbvio vivem em favelas.[104]

[103] Idem.

[104] GONZALEZ, Lélia. Racismo y sexismo em la cultura brasileña. *In*: BRINGEL, Breno; BRASIL JÚNIOR, Antonio (orgs.). *Antología del pensamiento crítico brasileño contemporáneo*, p. 568. Buenos Aires: CLACSO, 2018.

Resumidamente, o racismo é uma consequência da própria estrutura social, isto é, da maneira "normal" com que se compõem as interações de ordem política, econômica, jurídica e até familiar, não se tratando, então, de uma enfermidade social, nem de uma desordem institucional. Em outras palavras, o racismo é um elemento estrutural da sociedade. Posturas individuais e ações institucionais são oriundas de um tecido social cujo racismo é o paradigma, e não um desvio. O racismo é componente de um expediente social que se dá por trás dos sujeitos e lhes parece uma herança tradicional. Nesse sentido, além da adoção de políticas que reprimam a prática do racismo nas esferas individuais e institucionais, faz-se imprescindível a reflexão a respeito de acentuadas modificações nas interações sociais, políticas e econômicas.

A factibilidade da reprodução *ad nauseam* e a sistemática de ações racistas estão na ordenação política, jurídica e econômica do corpo social. Desse modo, o racismo se manifesta concretamente como desigualdade política, econômica e jurídica. O que se busca realçar do ângulo teórico, então, é que o racismo, como expediente histórico e político, concebe as circunstâncias sociais para que coletivos racialmente reconhecidos sejam discriminados de modo sistêmico, de modo direto ou indireto.[105]

Estudar raças e etnias na América Latina ocasiona perceber que essas categorias operaram e ainda atuam como um método biopolítico de dominação e de subjugação de populações. Pode-se partir da percepção de poder do francês Michel Foucault, para quem a Modernidade é assinalada por uma nova formatação das interações de poder, que transcende a logicidade do domínio jurídico-discursivo, isto é, daquele método de poder que se materializa no formato de legislação e ao qual os indivíduos se subalternizam e acatam. Na Modernidade, segundo Foucault, o poder se exibe de maneira multiforme, estando presente em todos os locais, organizando-se como um projeto complexo de cada corpo social, denominado biopoder.

[105] RIBEIRO, Anna Lyvia Roberto Custódio. *Racismo estrutural e aquisição da propriedade*. São Paulo: Contracorrente, 2020.

Os atributos centrais do biopoder são os seguintes: não é um componente repressivo, porque ele desperta, provoca, cria; não é uma coisa que se possui, pois se desempenha em todas as esferas; é uma atividade sobre ação diversa, que rende consequências, retornos, reflexos; em se tratando de poder, enfrenta resistência; e não se nota contrassenso entre poder e liberdade, longe disso, são inseparáveis. Isso se justifica porque o biopoder só é exercido por indivíduos livres, de tal forma que, se não existir liberdade, há situação de dominação (violência), não desempenho de poder. O biopoder é o poder sobre a existência humana, que se efetua através de duas estratégias não contrapostas, mas suplementares: a disciplina e a biopolítica.[106]

O racismo, desta feita, não é somente o desprezo de uma raça por outra e igualmente não é um processo ideológico em que o Estado transmite a um antagonista as hostilidades que estariam destinadas a ele. É deveras mais imersivo e sofisticado do que isso, estando associado a um expediente que possibilita a vigência do biopoder, ao passo que autoriza o Estado moderno a desempenhar seu poder absoluto. A erradicação das raças degeneradas e a purgação da raça para melhoria da população, impulsionadas pelo racismo, são o que possibilitam ao Estado o seu poder de deixar ir a óbito. O racismo tem duas finalidades, a de segregar o corpo contingencial entre quem pode existir e quem pode morrer e a de aquiescer com a situação de retirada da vida do próximo, gerando uma interação positiva entre a morte de um e a vida do outro.[107]

Edson Bomfim dos Santos discorreu sobre a estruturação do racismo em decorrência de ações estatais:[108]

106 FOUCAULT, Michel. *Em defesa da sociedade*. São Paulo: Martins Fontes, 2010.

107 BAGGIO, Roberta Camineiro; RESADORI, Alice Hertzog; GONÇALVES, Vanessa Chiari. Raça e biopolítica na América Latina: os limites do direito penal no enfrentamento ao racismo estrutural. *Revista Direito e Práxis*, v. 10, n. 3. Rio de Janeiro: Universidade Estadual do Rio de Janeiro – UERJ, 2019.

108 SANTOS, Edson Bomfim dos. A luta contra o racismo e contra a decolonialidade para uma brasilidade. *IV Seminário de Ciências Sociais – PGCS UFE*. Vitória: Universidade Federal do Espirito Santo – UFES, 2019, p. 10.

> As evidências de existência de um racismo estrutural ou estruturalidade do racismo nacional se conformam na historicidade social brasileira, a partir das ações desenvolvidas pelo próprio Estado, ao que se refere o abandono de políticas de interação da comunidade negra após a "abolição da escravatura", a qual é antecedida de uma ampla campanha de embranquecimento físico da população brasileira, através de um projeto sistemático de imigração, voltados exclusivamente à população europeia, leia-se branca. Encontramos ainda no interior deste Estado, a produção sistêmica de uma legislação, que sobre as influências eurocêntricas dos conceitos racialistas e eugênicos, tem como papel fundamental a criminalização do elemento negro e sua cultura, podendo encontrar no referido período associações eugenistas, como também em um breve estudo, o seu papel influente na sociedade e nas instituições governamentais, ou seja, no aparelho do Estado brasileiro.

Para além da estratificação do contingente populacional entre os que devem viver (colonizadores) e quem pode morrer (os selvagens), o racismo na América Latina (re)produziu um reflexo positivo na morte do outro, do deturpado e deteriorado, na medida em que esse falecimento permite a vida. Essa vida se reporta ao corpo-espécie e ao contingente populacional, não somente às existências individuais. O óbito do impuro e sórdido, então, possibilita o melhoramento da espécie humana e, em razão disso, é benéfico. A finalidade do racismo está atrelada aos conhecimentos científicos eugênicos, pautados na crença da supremacia branca. Esse conhecimentos colaboraram na promoção do que se chama de convergência entre norma e fato, isto é, a junção entre a raça e a categorização dos indivíduos em virtude da cor da cútis.[109]

No que diz respeito ao continente latino-americano e à colonialidade do poder, a estratificação, com fundamento na questão de raça, não se restringiu somente ao momento histórico designado como colonial, afinal os processos de emancipação política decorridos, principalmente no decorrer dos séculos XVIII e XIX, não foram o bastante para libertar

[109] BAGGIO; RESADORI; GONÇALVES, op. cit.

afrodescendentes e indígenas dos modelos de poder vigentes até então. Em verdade, tais modelos ainda vigoram de outras maneiras, o que estabelece uma interação incoerente entre Estados emancipados e corpos sociais coloniais, uma vez que, no presente momento, a hierarquização racial continua operando como um método agudamente eficiente para os capitalistas conservarem o exercício do poder. A segmentação do tipo de trabalho entre os indivíduos que são vistos como dignos ou não de boa retribuição salarial está envolvida pela colonialidade do poder, sendo tal estratificação, em grande monta, canalizada pela questão de raça, concedendo ao indivíduo branco privilégios. Dessa forma, em que pese o racismo não seja a única feição da colonialidade do poder nas interações sociais recorrentes, é realmente a mais notável e presente nos mais vários graus da sociedade, o que faz com que seja esfera de resistência indispensável aos atributos do colonialismo.[110]

Wallace de Moraes pronunciou-se sobre o traço racista atual dos Estados latino-americanos descolonizados:[111]

> Já há algum tempo, mesmo na Europa, o pleno emprego já faz parte do passado. A adoção de políticas neoliberais pelo mundo acirrou as desigualdades. A busca incessante pelo lucro, característica do capitalismo, ignora os seus resultados para a vida na terra (humana e da natureza). O racismo continua e até se exacerbou em alguns países onde governantes rechaçam com toda força imigrantes, negros e indígenas.
>
> [...]
>
> É inegável que o Estado é a principal instituição mantenedora dos princípios da colonialidade. Como mostram os estudos decoloniais (Grosfoguel, 2013), o Estado que nasceu na Europa a partir da conquista e da centralização do poder realizadas pelos reinos de Portugal e da Espanha, no século XV, antes da conquista das América, foi uma instituição racista. Mesmo depois

[110] QUIJANO, Aníbal. ¡Qué tal raza! *Revista Del CESLA*, v. 1, n. 1. Warsaw: University of Warsaw, 2000.

[111] MORAES, Wallace de. As origens do necro-racista-Estado no Brasil – crítica desde uma perspectiva decolonial & libertária. *Revista Estudos Libertários – REL*, v. 2, n. 6. Rio de Janeiro: Universidade Federal do Rio de Janeiro – UFRJ, 2020.

> dos movimentos históricos de descolonização, tanto na África quanto nas Américas, seus novos Estados "independentes" foram criados a imagem e semelhança de seus ancestrais, portanto, continuaram sendo governados por descendentes brancos e o racismo continuou a predominar. O racismo está inscrito no DNA dos Estados latino-americanos.

No caso específico do Brasil, marcado por várias particularidades em comparação com os outros Estados do continente, atribuiu-se uma intelecção ao redor da alegoria ideológica da democracia de raças posterior à isonomia jurídica entre brancos e negros e, para que tivesse sucesso, assim como para que fosse promovida uma unidade nacional, calaram-se e deslegitimaram-se certos coletivos. Além disso, não foi reconhecida a vigência da colonialidade do poder na região, de tal forma que se mascarou o racismo e a violência estrutural em favor de um chamado multiculturalismo que atua pelo capitalismo. Tendo sido o Brasil a maior praça do processo colonial escravista, não se podem analisar os rumos sociais do país, bem como suas mazelas passadas e presentes, sem que seja considerado como foi (e de que forma gerou impactos) o seu passado escravagista.

Dessa forma, tanto o tempo pretérito colonial como o seu regime de escravatura são essenciais para o entendimento das composições socioeconômicas brasileiras. Entretanto, não é crível investigar o atual cenário racial no Brasil sem que seja considerado que o racismo é um reflexo dos componentes do próprio capitalismo: tais elementos foram concebidos no momento histórico de escravidão legalizada. Em outras palavras, as interações desiguais na esfera das raças são um alicerce constituinte para o capitalismo.[112]

[112] OLIVEIRA, Thiago; CAETANO, Stella; LOUREDO, Fábio. A narrativa majoritária do empreendedorismo no Brasil: facetas da colonialidade e do racismo estrutural. *Revista Brasileira de Estudos Organizacionais*, v. 8, n. 1. Curitiba: Sociedade Brasileira de Estudos Organizacionais – SBEO, 2021.

6.

A EUROPEIZAÇÃO DOS DIREITOS HUMANOS

Na literatura, pode-se encontrar o apontamento de três gerações de Direitos Humanos. Se olharmos esse trio, é viável perceber que elas se associam de maneira intrínseca com as perturbações democráticas e seus progressos. Em uma primeira ocasião, a contenda que estabeleceu o que chamamos de Modernidade foi pela obtenção dos direitos civis e políticos, essencialmente baseada na procura pela liberdade formal. Isto é, a chamada primeira geração pode ser entendida como a que reflete os direitos individuais, estando, então, deveras associada à ideologia da burguesia que se sobrepôs à aristocracia europeia em dado momento. Por outro lado, a segunda geração de Direitos Humanos diz respeito aos direitos coletivos e às demandas do proletariado. Assim, materializa-se nos direitos de cunho social, econômico e cultural, estabelecidos com fundamento na igualdade real. Em meio a esses direitos encontram-se, por exemplo, os direitos à saúde, à moradia e à educação. Já a terceira geração dos Direitos Humanos surgiu com o término da Segunda Grande Guerra e remete aos direitos culturais e pós-materialistas, reveladores de um alvitre de meios de vida alternativos, coadunando-se com as demandas de gênero, do meio ambiente, do antirracismo, de desarmamento nuclear, etc.[113]

A classificação dos Direitos Humanos em primeira, segunda e terceira geração é baseada unicamente em demandas e mazelas do continente europeu. É uma categorização tão eurocêntrica que fica muito complicado empregá-la para tratar de pormenores relativos ao continente latino-americano sem o mínimo de agressão epistêmica. Não parece razoável pensar sobre gerações para os casos do Brasil e da América Latina, pois, neste continente, estivemos presos ao colonialismo epistemológico de maneira que nos encontramos em um cenário que não necessariamente nos permite enxergar os nossos objetos. Dessa maneira, desconsideramos componentes da realidade e das próprias teorias para que coubéssemos nessa estrutura. Com a decaída dos grandes métodos interpretativos, nasceram diferentes modelos que elevaram obstáculos e, por diversas vezes, também nos forçaram a consentir, ao contrário de lançar uma visão mais aguçada ao experimentalismo. Apesar de o que vem sendo divagado com maior opulência ser uma ordem narrativa que insere o eixo europeu como o cerne para as políticas de Direitos Humanos no globo, o que se verifica é que os Estados latino-americanos foram os protagonistas da noção de Direitos Humanos internacionais.[114]

[113] CRUZ, Matheus Mendanha. Posicionamentos contra Direitos Humanos: a realidade brasileira sob a perspectiva decolonial. *Vínculos de História*, n. 9. Ciudad Real: Universidad de Castilla – La Mancha, 2020.

[114] SIKKINK, Kathryn. Protagonismo da América Latina em Direitos Humanos. *Sur – Revista Internacional de Direitos Humanos*, v. 22, n. 12. São Paulo: Conectas Direitos Humanos, 2015.

Kathryn Sikkink expôs que políticas de Direitos Humanos internacionais têm sido com frequência adotadas por Estados menos favorecidos para se protegerem dos mais poderosos:[115]

> Se os direitos humanos foram um discurso que os Estados poderosos usaram para reafirmar sua identidade como superior às nações mais fracas e para promover o monitoramento e a vigilância, como os teóricos críticos sugerem, por que Estados mais poderosos resistiram em adotar os discursos de direitos humanos e Estados menos poderosos promoveram isso? Acredito que as versões tanto da teoria realista quanto da teoria crítica não compreenderam e deturparam a história das ideias de direitos humanos e políticas de direitos humanos. Leituras da história das políticas de direitos humanos revelam que elas, especialmente as políticas multilaterais, têm sido muitas vezes abraçadas pelos menos potentes para tentar conter os mais poderosos.

Os elos de domínio e de hegemonia que circundam a geração do conhecimento e os indivíduos que ocupam o seu local passam pelas complexas interações políticas e econômicas que contornam a geopolítica mundial. As estruturas jurídicas e seus alicerces filosóficos exibem-se intimamente motivadas por esse cenário. O anseio pelo assentamento de uma cultura de Direitos Humanos, principalmente nos Estados latino-americanos, ou mesmo a demanda por tal "bandeira", devem ser guiados pelo entendimento dessa profunda dinâmica, que diz respeito a um resgate histórico dos sistemas de colonização praticados no continente.[116]

Na esfera das teorias sobre Direitos Humanos, faz-se necessário contrapor o comportamento hegemônico ocidental, que equipara a edificação teórica sobre os Direitos Humanos aos repertórios nor-

[115] SIKKINK, op. cit., p. 219.

[116] BRAGATO, Fernanda Frizzo; CASTILHO, Natalia Martinuzzi. O pensamento descolonial em Enrique Dussel e a crítica do paradigma eurocêntrico dos direitos humanos. *Direitos Culturais*, v. 7, n. 13. Santo Ângelo: Universidade Regional Integrada do Alto Uruguai e das Missões – URI, 2012.

mativos europeus. Tais direitos são demonstrações de disputas e acirramentos político-ideológicos, que são constituídos tendo como ponto de partida a luta das camadas marginalizadas pela ascensão daquilo que pode ser compreendido como o único componente moral e político absoluto: a dignidade humana. A acepção oficial de Direitos Humanos, constante da literatura tradicional de História e Filosofia do Direito, exibe-se caracterizada pela teoria liberal europeia, que reflete os componentes teóricos e políticos indispensáveis para a instauração dos Estados nacionais, ou, no cenário das interações econômicas e políticas do momento histórico, das metrópoles coloniais.[117]

Fernanda Bragato e Natalia Castilho apontaram a premência da procura por aportes epistêmicos para a estruturação de uma teoria dos Direitos Humanos no contexto latino-americano:[118]

> A busca por aportes epistemológicos para a conformação de uma teoria dos direitos humanos ligada ao contexto latino-americano mostra-se atual, tendo em vista as noções cada vez mais fragmentadas que envolvem o entendimento dos direitos humanos, para o mundo jurídico e para a sociedade em geral. Parte-se da necessidade de desmistificação do conhecimento jurídico, frequentemente reduzido a estruturas dogmáticas e a uma espécie de alienação das relações políticas e sociais que invariavelmente o tencionam, mas que são frequentemente ignoradas pela grande maioria dos juristas. Ressalta-se, assim, a necessidade de investigações teóricas e práticas no campo do direito capazes de compreendê-lo como um sistema jurídico-político que reflete e (re)produz as contradições sociais, econômicas e políticas ao seu redor e em seu interior.

6.1 A Teoria Crítica dos Direitos Humanos

A cultura dos Direitos Humanos é concebida em meio às interações de domínio e de colonialidade já presentes, estabelecendo-se a partir de um conceito de dignidade absolutamente ocidental. De maneira

[117] QUIJANO, 2005.

[118] BRAGATO; CASTILHO, op. cit., 2012, p. 46-47.

histórica, os Direitos Humanos são demonstrados como fruto das lutas, insurreições e reinvindicações europeias e norte-americanas, da mesma maneira que se baseiam na cosmovisão eurocêntrica. Assim, a Teoria Clássica/Tradicional dos Direitos Humanos preserva direitos universais pautados em uma ideia de dignidade ocidental. Então, o modo decolonial de erigir conhecimentos é necessário para que seja adotado um novo caminho para a compreensão e pensamento dos Direitos Humanos. Nesse sentido, urge a necessidade do abandono da Teoria Tradicional para construção dos Direitos Humanos, a fim de que o diálogo intercultural sob o amparo do Pluralismo Jurídico comunitário contribua para a idealização crítica e inovadora dos Direitos Humanos.[119]

Variadas teorias passaram a elaborar suas revisões contestadoras no que tange aos temas de heterogeneidade cultural, autoridade social, segregação política, intolerâncias de gênero e sexualidades com o intuito de desnudar as situações contraditórias e ambivalentes no seio das "racionalidades" da Modernidade. O ponto central dessas teorias consiste nas forças institucionais que esculpem e delineiam as balizas da representação dos indivíduos entendidos como subordinados e os empenhos desses coletivos subservientes para afrontar as representações hegemônicas e normativas.

No momento em que fazemos referência direta ao debate associado aos Direitos Humanos, pode-se aduzir que estes se estabeleceram como resultado cultural que emergiu na alçada do Ocidente europeu e norte-americano, precipuamente porque, por um lado, urgia-se por justificativas ideológicas para as propagações globalizantes das injustiças e sujeições que o expansionismo ia gerando em todas as direções. Do mesmo modo que os Direitos Humanos desde a sua composição foram (e continuam sendo) cúmplices com o poder prevalecente, devem ser por excelência também, no

[119] ZEIFERT, Anna Paula Bagetti; AGNOLETTO, Vitória. O pensamento descolonial e a Teoria Crítica dos Direitos Humanos: saberes e dignidade nas sociedades latino-americanas. *Revista Húmus*, v. 9, n. 26. São Luiz: Universidade Federal do Maranhão – UFMA, 2019.

presente momento, a viabilidade crítica e o ambiente, para que os subjugados do globo não se calem e possam clamar sempre pelo seu direito de narrarem as próprias vivências, insurreições, lembranças, costumes e histórias. Devem-se pensar os Direitos Humanos de maneira diversa, isto é, temos que emergir uma teoria alternativa de Direitos Humanos baseada na diversidade, nas particularidades e nas divisões diametralmente opostas a todo e qualquer traço de padronização e equalização do mundo.[120]

Natalia Castilho expôs que a lógica de uma progressividade evolutiva, em que o ser humano progressivamente alcançou e acumulou vitórias relativas à salvaguarda de suas necessidades, abala qualquer perspectiva sobre a Modernidade que não seja o de sua própria afirmação e mundialização:[121]

> O triunfo da Modernidade, que corresponde também ao processo de rearticulação de seus principais conceitos e ideais (liberdade, propriedade) corresponde à capacidade de ocultar a sua própria geopolítica de conhecimento, que é narrada por aqueles que estão em condições e posição de decidir. Assim, aponta-se a impossibilidade de que esse discurso tenha um caráter realmente libertador (a partir da ótica dos sujeitos oprimidos), tendo em vista que a mentalidade emancipatória combina-se com a lógica da colonialidade que ela mesma oculta. O horizonte emancipatório moderno – localizado nas proposições dos autores da Escola de Frankfurt, principalmente –, portanto, para Mignolo (2010), não enfrenta os processos excludentes que o seu próprio desenvolvimento gerou, a herança colonial e suas consequências nefastas (genocídios, opressão, relativização da importância das vidas humanas).

---

[120] BARROS, Sulivan Charles. Os saberes subalternos e os Direitos Humanos: por uma teoria crítica dos Direitos Humanos. *Argumentos*, v. 10, n. 1. Montes Claros: Unimontes, 2013.

[121] CASTILHO, Natalia Martinuzzi. *Pensamento descolonial e Teoria Crítica dos Direitos Humanos na América Latina*: um diálogo a partir da obra de Joaquín Herrera Flores. Dissertação de Mestrado em Direito. São Leopoldo: Universidade do Vale do Rio dos Sinos – Unisinos, 2013.

Denota-se que a chamada Teoria Crítica dos Direitos Humanos, proposta pelo teórico espanhol Joaquín Herrera Flores, oferece oposição à compreensão de que os Direitos Humanos são resultados culturais situados no cenário histórico e social, defendendo, então, sua efetividade a partir do momento em que são visualizados como direitos interculturais, promovendo o desmantelamento de práticas e imperativos transnacionais nos cenários locais. Portanto, a Teoria Crítica dos Direitos Humanos maneja a categoria de deveres prescritos pelos próprios anseios sociais internos pela dignidade, e não por direitos abstratos ou deveres passivos impostos de fora de nossa agenda de lutas e compromissos. Nesse sentido, vislumbra-se que as duas Grandes Guerras levaram à percepção de Direitos Humanos que supostamente envolveriam toda a humanidade, sem que fossem levadas em consideração as multiplicidades culturais dos diferentes corpos sociais, dadas as diversas posições de cada coletivo nos processos de criação de valores sociais. Então, a Teoria Crítica se constituiu refletindo sobre as variadas maneiras de enxergar e compreender o conceito de dignidade.[122]

Joaquín Herrera Flores discorreu que os Direitos Humanos emergiram da capacidade cognitiva do ser humano de reagir às imposições do capital:[123]

> Se não considerarmos os direitos humanos como o que são: produtos culturais que surgem de nossa capacidade de reação diante dos entornos de relações que impôs o capital desde o século XVI como a única e global forma de produzir e destinar recursos, como fazer para entabular um diálogo entre as diferentes percepções do mundo que não compartilham nossos pressupostos culturais?

[122] LUTZ, Maria Luiza Scherer; MATA, Edileny Tomé da. El pluralismo jurídico: entrelazado de la Teoría Crítica de los Derechos Humanos con el Constitucionalismo Latinoamericano. *Revista Paradigma*, v. 26, n. 1. Ribeirão Preto: Universidade de Ribeirão Preto – UNAERP, 2017.

[123] FLORES, Joaquín Herrera. *Teoria Crítica dos Direitos Humanos*: os direitos humanos como produtos culturais. Rio de Janeiro: Lumen Juris, 2009b, p. 16.

As convenções e tratados internacionais sobre Direitos Humanos, como é o caso da Declaração Universal dos Direitos Humanos, promulgada pela ONU em 1948, foram constituídos em um espaço caracterizado pelo fenômeno político e econômico da Guerra Fria. Nesse cenário, foram associados aos acanhados e controlados procedimentos de descolonização, e colocavam-se em execução políticas públicas definitivamente interventoras sobre os resultados mais hostis da fixação do mercado à sociedade. A agenda dos Direitos Humanos, então, compartilhou espaço com a descolonização e com o estabelecimento de uma nova política econômica hegemônica, que modificariam o campo social, político, cultural e econômico e, nas décadas seguintes, sucederiam o elenco de garantias jurídicas devido à remissão das políticas interventivas.[124]

É nessa conjuntura que os Direitos Humanos erigiram uma concepção de dignidade do ser humano como se entende no eixo do Ocidental, alcançando a hegemonia como expressão da dignidade humana. Grande parcela do contingente mundial não é verdadeiramente titular de Direitos Humanos, mas somente instrumento de sua fala, afinal ostenta linguagens distintas de dignidade humana. Então, a preponderância dos Direitos Humanos como expressão da dignidade humana traduz, de um lado, um fracasso histórico dos coletivos sociais subjugados, tendo em vista que há diversas outras linguagens de dignidade humana nos outros cantos do mundo e diferentes inquietações humanas injustas além daqueles entendidos como atentados aos Direitos Humanos.

Paulatinamente, o discurso preponderante dos Direitos Humanos revelou ser o da dignidade humana uníssona às políticas liberais, ao progresso do capitalismo e suas diversas transformações (liberal, social-democrático, dependente, fordista, pós-fordista, fordista periférico, corporativista, estatal, neoliberal, etc.) e ao colonialismo igualmente transmutado (neocolonialismo, colonialismo interno,

[124] FLORES, Joaquín Herrera. *A (re)invenção dos direitos humanos.* Florianópolis: Fundação Boiteux, 2009a.

racismo, trabalho análogo à escravidão, xenofobia, islamofobia, políticas migratórias coercitivas, etc.). Desse modo, o mesmo enunciado de Direitos Humanos assinalou coisas muito distintas em diversos âmbitos históricos e validou tanto ações revolucionárias quanto atos antirrevolucionários. No presente, não há como se ter plena convicção de se os Direitos Humanos são frutos de revoluções modernas ou dos escombros dessas insurreições.[125]

Como resultado, Anna Paula Zeifert e Vitória Agnoletto expuseram que os sujeitos e coletivos que batalham pelo reconhecimento de direitos acabam desiludidos, uma vez que, embora seja senso comum que todos possuem direitos, a maior parte do contingente populacional do mundo não pode desfrutar deles em virtude da ausência de condições materiais:[126]

> Essa consequência é uma das mais graves falhas da teoria clássica, pois, ao apresentar um rol de direitos inerentes e naturais à condição humana, isto é, direitos que uma pessoa possui pelo simples fato de ser humana, exclui elementos fundamentais dos direitos e garantias, na medida em que ignora os movimentos e lutas necessárias para o reconhecimento de tais prerrogativas. Além disso, coloca em situação de invisibilidade todos os seres, comunidades e populações que permanecem lutando pela efetividade e garantia desses direitos. Isso ocorre porque a linguagem do direito é imperativa. Quando as disposições da Declaração afirmam que todos são iguais perante a lei, na realidade estão transmitindo a ideia de que todos devem ser iguais, ou seja, se trata de uma condição de igualdade que ainda precisa ser construída ou atingida.
>
> [...]
>
> Ademais, não se pode ignorar que as teorias clássicas sobre direitos humanos se desenvolveram em um âmbito cultural em que, consequentemente, se tornam fundamentos ideológicos característicos do tema. Em resposta a

[125] SANTOS, Boaventura de Sousa. Direitos humanos, democracia e desenvolvimento. *In*: SANTOS, Boaventura de Sousa; CHAUÍ, Marilena. *Direitos humanos, democracia e desenvolvimento*. São Paulo: Cortez, 2013.

[126] ZEIFERT; AGNOLETTO, op. cit., p. 206-207.

discussões filosóficas e movimentos sociais, a ideia de direitos humanos se desenvolve, desde o século 16 até a atualidade, no contexto ocidental.

O embate entre a Teoria Tradicional e a Teoria Crítica na dimensão dos Direitos Humanos é a expressão de uma contenda mais abrangente que se dá na camada da teoria social. É fato concreto que todo desenvolvimento teórico emerge de um anseio de explanar ações e dinâmicas sociais. Entretanto, as Teorias Crítica e Tradicional não compartem as mesmas conjecturas. Em outros termos, enquanto a Teoria Tradicional parte da concepção de que há desalinhamentos na composição social que precisam ser reparados, a Teoria Crítica considera que o organograma social é fundamentalmente conflitivo.

Por conseguinte, a grande missão da Teoria Crítica é desnaturalizar o mundo e o modo como este se move. A Teoria Crítica intenciona comprovar que a existência tal como ela é hoje não esgota ou extenua todas as perspectivas da existência. Desse modo, tal Teoria pretende problematizar a realidade, reconhecendo o que nela há de problemático. Esse modo de pensar exige a fundação de novas formas de aproximar-se tanto na teoria, quanto na prática do mundo.[127]

Tal missão tem como chama condutora a dignidade humana, que não é um "valor", mas a essência de todos os valores. Sua salvaguarda, sob o formato de levante social e político dos oprimidos, é o que incentiva incessantemente o "invento" e a "reinvenção" dos Direitos Humanos, desde a ignição da revoluções burguesas até o presente. O teor elementar dos Direitos Humanos não é propriamente o direito a exercer outros direitos, afinal isso é uma esfera fechada que não atinge suas metas desde que foram "declarados" em 1948 pela Organização das Nações Unidas (ONU). A substância básica dos Direitos Humanos é a agregação dos embates pela dignidade humana, cujos frutos, se houver o esforço necessário para tanto,

[127] BATISTA, Vanessa Oliveira; LOPES, Raphaela de Araújo Lima. Direitos Humanos: o embate entre teoria tradicional e teoria crítica. *XXIII Congresso Nacional CONPEDI/UFPB*, Filosofia do Direito, v. III. Florianópolis: CONPEDI, 2014.

devem ser assegurados por comandos legais positivados, políticas públicas e uma economia suscetível às demandas da dignidade.

A urgência de uma percepção extensiva e totalizante sobre a ética em seu trato com os Direitos Humanos levou Joaquín Herrera Flores a apresentar, no seio de sua Teoria Crítica, uma proposta epistemológica batizada de Diamante Ético dos Direitos Humanos. Refere-se a uma proposta abstrata contestadora e complexa sobre os Direitos Humanos como resultado de variadas determinações. Como um diamante, sua abstração procura afirmar a incontroversa interdependência entre os múltiplos elementos que determinam os Direitos Humanos no mundo atual. E tal qual um diamante, faz-se um alvitre: os Direitos Humanos encarados com sua verdadeira complexidade compõem o quadro para a edificação de uma ética cujo alcance é a efetivação das conjunções para que "todos" (sujeitos, culturas, estilos de vida) possam colocar sua formulação de dignidade humana em prática.[128]

6.2 A Ética da Libertação

O Diamante Ético dos Direitos Humanos apresentado por Herrera Flores dialoga com a Ética da Libertação do filósofo argentino radicado no México, Enrique Dussel. A "concepção" e a "recriação" dos Direitos Humanos emergem, de um estímulo ético necessário, que delata a opressão do ser humano ao mesmo tempo que assevera um novo "direito humano" até então quimérico no Direito em vigor e nos valores morais preponderantes. Essa "reinvenção" é uma formulação que se ergue da consciência ético-crítica, mas exigirá uma interpretação ética extensiva. A Ética da Libertação é uma ética da vivência dos sujeitos, como possibilidade de realidade da pessoa humana que está inserida em diversas camadas na dimensão do real concreto.

Em todo o organograma social histórico-concreto, a preocupação perfeita e equilibrada a todos os parâmetros colocados pela Ética

[128] FLORES, op. cit., 2009a.

da Libertação é essencialmente impossível, razão pela qual a aspiração pela bondade nunca se concretiza de modo perfeito. Sempre há uma divisa que impossibilita a íntegra produção e reprodução da vida humana, a absoluta participação igualitária de todos os indivíduos nas decisões que lhes atingem ou o pleno alcance das metas traçadas desde um panorama instrumental. Essa feição imperfeita dos sistemas humanos histórico-concretos gera vítimas, que combaterão pela transmutação desses sistemas tendo como ponto de partida uma ética crítica.[129]

A experimentação primordial da Filosofia da Libertação entende o sofrimento do outro como o resultado da realidade oculta em que indivíduos subjugam os demais, vistos como sub-humanos, inferiores e/ou atrasados. Ela se pauta em descortinar a circunstância opressiva da dominação, em que certos elementos se colocam "senhores" de outros sujeitos no plano mundial concebido como Centro-Periferia (desde o começo da propagação europeia no ano de 1492, circunstância constitutiva que para muitos estudiosos inaugurou a Modernidade); no plano nacional/regional (elites em detrimento das massas ou burguesia nacional em oposição aos interesses da classe operária); no plano sexual (gênero feminino em desfavor do masculino); no plano pedagógico (imposição da cultura imperial/elitista em face da cultura tida como periférica ou popular, por exemplo); no plano religioso (o fetichismo em todas as esferas), etc. Assim, a Filosofia da Libertação busca examinar o *modus* opressivo da dominação, em que uns se tornam senhores de outros, indagando o discurso da Modernidade.[130]

Enrique Dussel exprimiu seu entendimento sobre a ação de libertar enquanto forma de conferir possibilidade à existência humana:[131]

---

[129] DIEHL, Diego Augusto. *A reinvenção dos Direitos Humanos pelos povos da América Latina*: para uma nova história decolonial desde a práxis de libertação dos movimentos sociais. Doutorado em Direito. Brasília: Universidade de Brasília – UnB, 2015.

[130] DUSSEL, Enrique. *Ética da Libertação*: na idade da globalização e da exclusão. Petrópolis: Vozes, 2002.

[131] DUSSEL, op. cit., p. 566.

> Libertar não é só quebrar as cadeias [...], mas "desenvolver" (libertar no sentido de dar possibilidade positiva) a vida humana ao exigir que as instituições, o sistema, abram novos horizontes que transcendam à mera reprodução como repetição de "o Mesmo" – e, simultaneamente, expressão e exclusão de vítimas. Ou é, diretamente, construir efetivamente a utopia possível, as estruturas ou instituições do sistema onde a vítima possa viver, e "viver bem" (que é a nova "vida boa"); é tornar livre o escravo; é culminar o "processo" da libertação como ação que chega à liberdade efetiva do anteriormente oprimido. É um "libertar para" o *novum*, o êxito alcançado, a utopia realizada.

A Ética da Libertação ostenta patente opção política pelas vítimas do sistema-mundo, depreendido como o procedimento de expansão da influência cultural de um sistema inter-regional (tido como alta cultura ou desenvolvido sistema civilizatório) a outras culturas. Sendo o "descobrimento" da América compreendido majoritariamente como fato fundador da Modernidade, tal episódio foi fundamental para a composição do "ego" moderno, de tal forma que a experiência europeia do "descobrimento" se reveste na forma de rejeição e de encobrimento do "outro", ofuscado por sua distinção e diversidade. Nesse ponto, o indígena ameríndio não foi "descoberto" como o "outro", mas visto como o assimétrico e, por isso, desprezível.[132]

Enrique Dussel trata a Modernidade como um verdadeiro mito porque esconde o processo de opressão ou violência que foi exercido sobre culturas distintas. Além disso, para o colonizador, o chamado "bárbaro" e/ou selvagem não detinha propriedade, herança pessoal ou liberdade subjetiva. O sofrimento causado no "outro" foi justificado pelo enunciado da salvação, de tal forma que seriam salvos muitos inocentes, vítimas da barbárie dessas culturas retrógradas. Dessa forma, o mito da Modernidade é uma contraversão, afinal o oprimido inocente é convertido em culpado, e o violentador cul-

[132] CASELAS, José Maria Santana. A utopia possível de Enrique Dussel: a arquitetônica da Ética da Libertação. *Cadernos de Ética e Filosofia Política*, v. 2, n. 15. São Paulo: Universidade de São Paulo – USP, 2009.

pado é reputado inocente, particularizando-se como um tipo de irracionalismo.[133]

A Filosofia da Libertação é uma filosofia marginal que se estrutura a partir da enunciação de uma exterioridade excluída. Dussel a define como um contradiscurso, uma filosofia crítica concebida às margens, partindo dos oprimidos e dos subjugados. A Filosofia da Libertação tem plena consciência de sua perifericidade, mas possui anseio de alcançar a mundialidade. Defronta racionalmente as filosofias oriundas da Europa ou dos Estados Unidos (tanto a pós-moderna como a moderna, seja procedimental, seja comunitarista), que confundem sua europeidade concreta com sua ignorada função filosófica durante mais de quinhentos anos. Desse modo, a Ética da Libertação se assenta com base nos oprimidos da História presente, inferindo, lamentavelmente, que a miséria está se ampliando entre bilhões de pessoas. Assim, os destinatários dessa Ética são a maioria da humanidade.

A afinidade e as similitudes da proposição de Dussel com as éticas clássicas europeias são somente aparentes. Toda a ponderação europeia e estadunidense é erigida em um caráter assistencial e distributivo. Todas essas teorias tradicionais estão adstritas a uma totalidade excludente, não havendo um cuidado em criticar basilarmente essa totalidade visando ao alcance dos que estão de fora, os marginalizados radicais. Por esse motivo, as éticas europeias, principialistas ou não, unicamente se pautam em fornecer um amparo mínimo aos pobres que estão inseridos nessa totalidade. Tais teorias simplesmente se inclinam a privar de humanidade aqueles que não são contemplados por seus expedientes assistenciais.[134]

[133] OLIVEIRA, Ivanilde Apoliceno; DIAS, Alder Sousa. **Ética da Libertação de Enrique Dussel**: caminho de superação do irracionalismo moderno e da exclusão social. *Conjectura: Filosofia e Educação*, v. 17, n. 3. Caxias do Sul: Universidade de Caxias do Sul, 2012.

[134] BERNARDES, Cleide; CABRERA, Julio. A ética da libertação de Enrique Dussel: entre as éticas europeias e o principialismo na bioética. *Bioethikos*, v. 8, n. 4. São Paulo: Centro Universitário São Camilo, 2014.

O valor que Enrique Dussel chama de "princípio da libertação" é o encargo de interceder criativamente no avanço qualitativo da História. É um preceito imperioso a todos e deverá, então, permitir que todo indivíduo se transforme a partir dos expedientes do próprio colonizador, como, a título de exemplo, edificar um novo pensar ético próprio partindo de teorias morais clássicas, dado que ter sido colonizado é um episódio que irradia em todas as expressões morais e éticas. Dussel esclarece esse procedimento crítico da seguinte forma: aquele que atua ético-criticamente deve ser compelido a libertar a vítima como integrante da própria comunidade, além de erigir novas normas, por meio de intervenções com viabilidade estratégica ferramental crítica.[135]

Dussel refutou a dialética de Hegel enquanto expediente filosófico que nega e elimina o "outro" não europeu. O filósofo argentino tem como referência o "mesmo" na integridade e propõe outra abordagem como libertação do ofuscamento do "outro" na totalidade, através do qual enxerga e legitima o "outro" como ser ontológico, epistemológico e cultural. A Filosofia da Libertação se pauta nas concepções de totalidade, exterioridade, alienação, mediação, proximidade e libertação. A totalidade, alicerçada na ambição conquistadora dos colonizadores, emerge partindo de uma dimensão ontológica que desnuda a verdade como aquela oriunda dos que se creem superiores por sua influência tecnológica e/ou econômica. Esse enunciado sucedeu a exterioridade dos que não compõem originalmente esse público, marginalizando-os do sistema e oferecendo a eles a alienação, que é a negativa do seu status de indivíduo.[136]

135 DUSSEL, op. cit.

136 MORAES JUNIOR, Henrique de. Enrique Dussel, leitor de Hegel: uma crítica à razão dialética e uma proposta de razão analética. *Caderno Eletrônico de Resumos da IV Semana Acadêmica de Filosofia – UEPA*, v. 1, n. 2. Belém: Universidade do Estado do Pará – UEPA, 2018.

Nesse sentido, expôs Renan Evangelista Silva:[137]

> A proposta ética, que Dussel defende ao longo de todas as suas obras, busca demonstrar um novo jeito de olhar e entender a história e a filosofia, a partir da realidade das vítimas e dos excluídos, coisa que não foi contemplada na noção de história da filosofia europeia, de modo especial, na filosofia da história de Hegel, que colocou de lado os valores do ameríndio. A filosofia hegeliana não encontrou nenhum interesse e nenhum valor na cultura latino-americana como ele mesmo descreve: "A América não nos interessa, pois o filósofo não faz profecias".
>
> Para Dussel, ao contrário de Hegel, o ponto de partida é o reconhecimento do éthos já existente entre os nossos povos, antes da chegada de Colombo, ou seja, já existiam padrões de convivência, de valores, práticas, ritos, hábitos, que deveriam ser levados em conta pelos europeus quando chegaram.
>
> Na verdade, eles eram estranhos em nossas terras, mas, guiados pela "vontade de Poder" e dominação, encobriram o éthos original de nossos ancestrais. A crítica dusseliana vai exatamente contra essa postura, pois a cultura e a ética dos ameríndios devem ser vistas e estudadas como realidades constitutivas também da modernidade ocidental.

O eurocentrismo, por meio de um argumento falacioso "desenvolvimentista", sempre procurou fixar a sua cultura e seus modos aos demais de uma maneira opressiva e exploradora. Dussel apresentou, então, sua concepção de anelética, um processo de reflexão que tem como ponto de partida o pensamento puro da identidade entre o conceito e a coisa, para a oposição da assimilação do que é dado, para o concreto pensado. Então, a feição original da analética encontra-se na experiência com o "outro".

O método analético tem a finalidade de contrapor o engodo "desenvolvimentista", isto é, o valor ético é concebido no altar dos

[137] SILVA, Renan Evangelista. *O surgimento da Ética da Libertação em Enrique Dussel.* Dissertação de Mestrado em Filosofia. São Paulo: Pontifícia Universidade Católica de São Paulo – PUC/SP, 2010, p. 42.

desfavorecidos, oprimidos e miseráveis. Essa é a grande inovação epistemológica no estudo dusseliano, porque a Ética da Libertação mostra o "outro" como um ser em conjunto com os demais, ao passo que designa sua identidade e a sua individualidade no corpo social: esse "outro" reprimido e marginalizado não é um instrumento formal ou um expediente de manobra como pensavam os europeus no regime de colonização, assim como também não é um ser intangível e insensível, e sim um indivíduo que se inter-relaciona.[138]

[138] DUSSEL, op. cit.

7.

O NOVO CONSTITUCIONALISMO LATINO-AMERICANO

Sobretudo desde o começo do século XXI, no continente latino-americano tem-se verificado a desidratação do formato e da cultura jurídica tradicional, a partir do momento em que se verificou que a cultura corrente em uma sociedade de massa e o estilo de vida na presente fase da humanidade não correspondem mais aos paradigmas e modelos normativos do Direito do Estado. As distinções sociais e os novos modelos sociais consequentes deságuam em um debate mais profundo a respeito de um novo episódio jurídico: o anseio político das camadas populares nos países da América Latina que exibe vultosas mobilizações sociopolíticas aptas a protagonizarem uma nova institucionalidade, pautada na pluralidade jurídica democrática e participativa.[139]

Verdade seja dita, a colonização operada não só no território brasileiro, mas também em toda a América Latina, moveu-se pela inocorrência de reconhecimento dos povos como impulsionadores de modificações: tratou-se de um método colonizador que importou para a cultura jurídica brasileira e latino-americana um sistema pautado na burocracia e no formalismo em benefício dos grupos dominantes. Nesse cenário, vigorou um constitucionalismo de cunho hegemônico, de tal forma que a emancipação política das colônias latino-americanas em relação às metrópoles não consistiu no fim da subordinação existente. Os novos Estados latino-americanos se ordenaram sob a égide de magníficas Constituições liberais, porém com traçados neocoloniais de subordinação indígena e afrodescendente. Em outras palavras, como o colonizador inseriu o seu jeito de viver em prol das classes sociais mais abastadas, o Estado emergiu das elites, e não das necessidades da população, deixando um lastro até os dias contemporâneos.[140]

Denota-se que o Direito (ou o universo jurídico) não demonstrava centralidade na composição das sociedades originárias latino-americanas, embora não por isso se deva reduzir sua relevância, já que julgamentos e vereditos com fundamento em ações reiteradas (costumes) ostentam grande valor. Essa sistemática lembra os atos jurídicos da Idade Média, em que os costumes e as práticas repetidas asseguravam uma logicidade de segurança jurídica ao múltiplo mosaico jurídico que constituía o momento. Tal fato leva a concluir que a centralidade característica do monismo jurídico da Modernidade

[139] FERREIRA, Bruno; PAVI, Carmelice Faitão Balbinot; CAOVILLA, Maria Aparecida Lucca. Os movimentos sociais na América Latina do século XXI: um novo paradigma. *In*: WOLKMER, Antonio Carlos; CAOVILLA, Maria Aparecida Lucca (orgs.). *Temas atuais sobre o Constitucionalismo Latino-Americano*. São Leopoldo: Karywa, 2015.

[140] FAJARDO, Raquel Z. Yrigoyen. El horizonte del constitucionalismo pluralista: del multiculturalismo a la descolonización. *In:* GARAVITO, César Rodríguez (org.). *El derecho en América Latina*: un mapa para el pensamiento jurídico del siglo XXI. Buenos Aires: Siglo Veintiuno Editores, 2011.

sobrepõe a questão cultural plural por uma questão centralizada, inversa aos pluralismos normativos latino-americanos originários, em que a concepção de segurança jurídica estaria pautada não na legalidade, mas em um sistema interpretativo costumeiro. Dessa forma, convém lograr desse período a diversidade cultural organizacional do seu mundo jurídico, dos indivíduos e de suas interações humanas. Assim, o enaltecimento dos atributos sociais não significa reduzir a relevância do instrumento jurídico normativo unitário moderno: longe disso, busca embalá-lo na integridade habitual da vivência dos indivíduos que lhe concebem vida.[141]

Ao invés de marginalizar o ordenamento jurídico da realidade social e cultural, embasá-lo em uma legalidade valorativa que se torna total e autônoma, como conceito fundador, acaba por valorizar esse sistema, afinal toda ação compreendida modernamente como direito passa a ser a própria perspectiva humana. Dessa forma, em matéria jurídica, a variada riqueza que denota o elevado nível de organização e de valorização das interações dos povos reexamina a compreensão feita pelos colonizadores e estabelece outro panorama de entendimento a ser explorado. Tal assertiva põe em questão a própria concepção de Direito como acontecimento social, antes que a grandeza jurídica seja ungida pelos doutrinadores modernos.[142]

A Sociologia Jurídica que contemplamos na atualidade, com atributos convencionais e colonizados, além de exprimir as importações epistemológicas (aportes de época), classes e autores estrangeiros entendidos como "clássicos" (substancialmente anglo-eurocêntricos), não tem se mostrado um instrumento pedagógico adequadamente apto a instruir estudiosos e operadores do Direito engajados com a

[141] MACHADO, Lucas. *Pluralismo jurídico e justiça comunitária na América Latina*: perspectivas de emancipação social. Dissertação de Mestrado em Direito. Florianópolis: Universidade Federal de Santa Catarina – UFSC, 2011.

[142] MACHADO FAGUNDES, Lucas. *Juridicidades insurgentes*: elementos para o pluralismo jurídico de libertação latino-americano. Tese de Doutorado em Direito. Florianópolis: Universidade Federal de Santa Catarina – UFSC, 2015.

realidade social em seu campo contextual e com o aprimoramento de um pensar crítico mais libertador, ou seja, adeptos de um projeto metodológico crítico-decolonial. Antes de qualquer coisa, um método crítico no Direito deve propor o comprometimento do jurista com a realidade em que está situado. Tal método sugere que se debruce a entender as mazelas sociais de seu país e que se empenhe em dosar as consequências que a legislação e demais atos normativos podem gerar sobre o corpo social.[143]

Nessa mesma linha de raciocínio, Maldonado-Torres expôs a proximidade da Sociologia à Modernidade de cunho eurocêntrico e a necessidade de se invocar a Antropologia para a viabilização de estudos sobre povos originários:[144]

> Enquanto a sociologia, as ciências políticas e a economia se encarregavam de entender a sociedade moderna (tanto como a psicologia se encarregava de entender a psique moderna), a antropologia e o orientalismo se encarregavam de estudar as culturas ou sociedades não europeias. O orientalismo se encarregava de estudar as grandes civilizações do chamado Oriente, enquanto a antropologia estudava principalmente grupos chamados então "primitivos" que ainda existiam no mundo. Estas disciplinas desempenhavam um papel fundamental para o mundo europeu moderno. Assim como a sociologia, a economia e as ciências sociais permitiam entender e predizer o moderno estado-nação europeu e nele intervir racionalmente, o orientalismo e a antropologia contribuíam com conhecimento fundamental para poder "manejar" as novas colônias e para confrontar países inimigos, principalmente no chamado Oriente e na África.

[143] WOLKMER, Antonio Carlos. Para uma Sociologia Jurídica no Brasil: desde uma perspectiva crítica e descolonial. *Revista Brasileira de Sociologia do Direito*, v. 4, n. 3. Niterói: Associação Brasileira de Pesquisadores em Sociologia do Direito – ABraSD, 2017.

[144] MALDONADO-TORRES, Nelson. Pensamento crítico desde a subalternidade: os estudos étnicos como ciências descoloniais ou para a transformação das humanidades e das ciências sociais no século XXI. *Afro-Ásia*, n. 34. Salvador: Universidade Federal da Bahia – UFBA, 2006, p. 109.

7.1 O paradoxo do constitucionalismo clássico e as deficiências do Estado Social

Na atualidade, os ordenamentos jurídicos do Ocidente, na maior parte, possuem a Constituição como principal integrante de sua composição. O chamado constitucionalismo clássico ou liberal se originou em meados do século XVIII e é consolidado pelas revoluções burguesas (Revoluções Gloriosa Inglesa, de 1688, Norte-Americana, de 1776, e Francesa, de 1789). As Constituições escritas norte-americana, de 1787, e a francesa, de 1791, foram resultados da movimentação surgida durante o Iluminismo e vieram a se substancializar como uma oposição ao Absolutismo preponderante à época e seria por meio delas que se tornaria o povo legítimo titular do poder.

Importante observar que o constitucionalismo clássico não se originou sendo democrático, afinal nasceu como uma reivindicação liberal, uma maneira de restringir o poder do Estado e assegurar proteção à burguesia, que, tendo obtido poderes políticos com a derrocada do Absolutismo, carecia de estabilidade para o desempenho de suas atividades. Sob o amparo do Estado liberal, a Constituição possuía como preceitos basilares os chamados direitos de primeira geração, ou seja, o prestígio à liberdade individual; a salvaguarda e defesa da propriedade privada; a declaração de direitos individuais a todas as camadas (para as esferas menos privilegiadas, tais direitos eram dados somente de modo formal); e a previsão de separação de Poderes. Relativamente a este último preceito, cabia ao Poder Legislativo desenvolver as leis, existindo, por essa razão, uma prevalência desse Poder em relação aos outros naquele momento; ao Executivo, cabia empregar o Direito, observando a segurança e a liberdade; ao Judiciário, cabia compelir a legislação por meio da subsunção.[145]

[145] ALVES, Marina Vitório. Neoconstitucionalismo e novo constitucionalismo latino-americano: características e distinções. *Revista da Seção Judiciária do Rio de Janeiro – SJRJ*, v. 19, n. 34. Rio de Janeiro: Justiça Federal do Rio de Janeiro, 2012.

Entretanto, a Constituição tornou-se uma ferramenta para a burguesia, a classe social financeiramente privilegiada, a fim que de que satisfizesse seus interesses. Assim, o ideal de igualdade pereceu diante da liberdade, tornando-se a matriz da desigualdade social, situação que o festejado documento escrito, possuidor de poder normativo, somente corroborou um legalismo estrito que não possibilitava a consolidação de um Direito legítimo. O triunfo da Constituição somente decorreria da estada de um Estado guarnecido de instrumentos para suprir as necessidades não somente dos burgueses, mas do proletariado, que compunha enorme parcela do contingente populacional.

Diante desse quadro, assenta-se o paradoxo em que se firmou o constitucionalismo clássico e, em consequência, o Estado liberal de Direito, que veio a estabelecer a falência do constitucionalismo na prática: o Estado liberal de Direito acabou por lastrear noções e práticas sociais de uma única camada economicamente favorecida. Seu intuito inaugural de ofertar de modo igualitário os meios para todas as esferas sociais tornarem melhores suas situações de vida foi minimizado, prevalecendo, assim, a isonomia formal em prejuízo da material.[146]

Domingos Polini Netto e José de Anchieta Gomes expuseram a eclosão de demandas para que o Estado contivesse os abusos do liberalismo e regrasse o poder econômico:[147]

> Num primeiro momento, verifica-se uma concepção constitucionalista liberal, influenciada pelo liberalismo clássico, e que estabelece os direitos com base em ideais sustentadores do individualismo, do absenteísmo estatal, da valorização da propriedade privada e da proteção do indivíduo. Cumpre

[146] SANTOS, Marta Thais Leite dos; RIBEIRO, Ronaira Costa. A problemática do Estado Liberal de Direito: paradoxo no Constitucionalismo clássico. *FIDES*, v. 1, n. 1. Natal: Universidade Federal do Rio Grande do Norte – UFRN, 2010.

[147] NETTO, Domingos Polini; GOMES, José de Anchieta. Do Constitucionalismo ao Neoconstitucionalismo. *Revista Eletrônica Científica da FAESB*, v. 1, n. 4. Tatuí: Faculdade de Ensino Superior Santa Bárbara – FAESB, 2017.

> salientar que tal perspectiva influenciou diversas constituições ao redor do mundo, em especial as brasileiras de 1824 e 1891. Já em um segundo momento, com a manutenção dessa concepção liberal, e a consequente concentração de renda e exclusão social, passa, então, o Estado a ser avocado com a finalidade de impedir os abusos e regrar o poder econômico [...].

Com o incremento das disparidades econômicas e sociais, emergem os panoramas teóricos socialistas, comunistas e anarquistas, que, ao darem formato aos movimentos sociais, reforçaram a luta por novos direitos oriundos das novas demandas sociais. Nasceria, então, a concepção do Estado Social, que exigira um conjunto legislativo não somente formal como até então, mas também material. Despontavam os chamados direitos sociais ou de segunda geração, visando à materialização do Direito.[148]

Em um contexto de capitalismo monopolista, as reivindicações sociais, efetuadas pelos recém-criados sindicatos e partidos políticos e a ocorrência da Primeira Guerra Mundial, foram o fio condutor para o início do chamado constitucionalismo social. Este, também chamado de constitucionalismo moderno, entabulou-se através das Constituições mexicana de 1917 e alemã de 1919, esta chamada Constituição de Weimar. Sob o abrigo do Estado social, os governos passaram a interferir na economia e nas interações privadas com o intuito de preservar o Estado de bem-estar social.[149]

Entretanto, o Estado social não foi capaz de implementar os diversos direitos de segunda geração previstos e de concretizar a democratização econômica e social. A existência de normas constitucionais anunciando direitos sociais e fixando limites às atividades do poder do Estado não impossibilitou a eclosão da Segunda Guerra Mundial, em 1939. Após esse conflito, a partir de 1945, os países europeus, de modo a desagravar as atrocidades vivenciadas, passaram a incluir expressamente em suas Constituições princípios

[148] SANTOS; RIBEIRO, op. cit.

[149] ALVES, op. cit.

como a dignidade da pessoa humana e diretrizes de direitos fundamentais, além de opções políticas, tanto gerais, como a minoração das desigualdades de classe, quanto específicas, como a prestação de serviços educacionais estatais. A inserção desses componentes pode ser contemplada em um cenário de reação mais abrangente a regimes políticos que, no decorrer do século XX, cambiaram os valores iluministas de liberdade e igualdade pela bestialidade, como se deu com o nazismo e o fascismo. Mesmo onde não se atingiram essas severas consequências, os regimes totalitaristas, a coação política e o atentado constante aos direitos fundamentais foram as características marcantes de inúmeros sistemas políticos durante o último século.

Nessa conjuntura, as Constituições buscaram aproximar-se ainda mais do ideal democrático, concebendo um novo modo de estruturação jurídico-política, inexistente até aquele momento, o chamado Estado democrático social de Direito. Essa nova compreensão do constitucionalismo é chamada por muitos estudiosos como neoconstitucionalismo ou constitucionalismo pós-moderno. Tal construção, de maneira geral, pode ser conceituada como uma corrente jurídica/política/filosófica que altera o entendimento e a compreensão do Direito e seu inter-relacionamento com as demais estruturas sociais.[150]

7.2 O neoconstitucionalismo e o Estado democrático social de Direito

O vocábulo "neoconstitucionalismo" foi empregado pela primeira vez pela jurista italiana Suzanna Pozzolo, no ano de 1993, no transcorrer de uma conferência em Buenos Aires. Naquela ocasião, foi utilizado esse neologismo para designar uma determinada maneira antijuspositivista de se aproximar do Direito. Desde aquele momento, variados estudos vêm sendo desenvolvidos para definir

[150] BARCELLOS, Ana Paula de. Neoconstitucionalismo, direitos fundamentais e controle de políticas públicas. *Cadernos da Escola de Direito e Relações Internacionais da UniBrasil*, v. 1, n. 5. Curitiba: Centro Universitário Autônomo do Brasil – UniBrasil, 2005.

as arestas desse pensamento, destacando-se os elaborados pelo jurista mexicano Miguel Carbonell e, mais especificamente no Brasil, os produzidos por Luís Roberto Barroso e Ana Paula de Barcellos, ambos associados à Universidade do Rio de Janeiro (UERJ).[151]

O neoconstitucionalismo é sugestionado em um constitucionalismo do amanhã, no sentido de que ao constitucionalismo social haja a incorporação do constitucionalismo fraternal e de solidariedade. Assim, o neoconstitucionalismo possui como um dos atributos a consubstanciação das prestações materiais prometidas à sociedade, adequando-se como instrumento para a efetivação do Estado democrático social de Direito. Ele pode ser compreendido como um movimento adepto do pós-modernismo e, entre seus principais predicados, podem ser consignados: a) positivação e materialização de um rol de direitos fundamentais; b) ubiquidade dos valores e das normas; c) inovações hermenêuticas; d) fortalecimento da coerção normativa estatal; e) aperfeiçoamento da Justiça distributiva. A feição ideológica do constitucionalismo moderno (social) era somente o de limitar o poder e o traço ideológico do neoconstitucionalismo é o de consubstanciar os direitos fundamentais.[152]

O neoconstitucionalismo transmite que o Direito não é somente forma e normas jurídicas, afinal ele há de ter um conteúdo moral a fim de que seja válido. A substância moral é aquela prescrita pela Constituição como meio de validação das normas infraconstitucionais. Dessa forma, as constituições iniciaram a consagração expressa da dignidade da pessoa humana. A dignidade do ser humano passou a ser entendido, então, como o núcleo constitucional, um valor supremo, e, a partir dela, decorreu a denominada rematerialização constitucional.

O progresso moral da Humanidade, princípio formulado e preconizado pelo doutrinador italiano Norberto Bobbio, é o conceito

[151] ALVES, op cit.

[152] AGRA, Walber de Moura. *Curso de Direito Constitucional*. Belo Horizonte: Fórum, 2018.

instaurador de toda a base teórica legitimadora do neoconstitucionalismo. Isso se deve ao fato de ele visar ao acolhimento do critério material para a elucidação de choques entre as espécies normativas, tendo como panorama basilar o princípio da proibição do retrocesso social, segundo o qual é vedado ao Estado promover a proteção dos direitos fundamentais de modo deficiente, tendo a obrigação de o tempo todo avançar na sua efetivação. Passa a ser proibido, então, que sejam retirados dos cidadãos os direitos já assegurados pelo Estado democrático de Direito, respaldando o critério material como meio de consolidação desses direitos e demandando-se do Estado uma postura positiva ou negativa sobre eles.[153]

O estudioso e atual ministro do Supremo Tribunal Federal Luís Roberto Barroso expôs que a elucidação dos litígios jurídicos nem sempre é localizada no relato abstrato do texto normativo:[154]

> Com o avanço do direito constitucional, as premissas ideológicas sobre as quais se erigiu o sistema de interpretação tradicional deixaram de ser integralmente satisfatórias. Assim: (i) quanto ao papel da norma, verificou-se que a solução dos problemas jurídicos nem sempre se encontra no relato abstrato do texto normativo. Muitas vezes só é possível produzir a resposta constitucionalmente adequada à luz do problema, dos fatos relevantes, analisados topicamente; (ii) quanto ao papel do juiz, já não lhe caberá apenas uma função de conhecimento técnico, voltado para revelar a solução contida no enunciado normativo. O intérprete torna-se coparticipante do processo de criação do Direito, completando o trabalho do legislador, ao fazer valorações de sentido para as cláusulas abertas e ao realizar escolhas entre soluções possíveis.

[153] TEBAR, Wilton Boigues Corbalan; AMARAL, Sérgio Tibiriçá do. Neoconstitucionalismo: superação para concretização de direitos fundamentais. *Intertemas: Revista da Toledo*, v. 16. Presidente Prudente: Faculdades Integradas "Antônio Eufrásio de Toledo" - Unitoledo, 2011.

[154] BARROSO, Luís Roberto. Neoconstitucionalismo e Constitucionalização do Direito. *Quaestio Iuris*, v. 2, n. 1. Rio de Janeiro: Universidade Estadual do Rio de Janeiro - UERJ, 2006, p. 8.

Os direitos fundamentais na América Latina enfrentaram um processo de intensa evolução nos últimos quarenta anos. Observando o ocorrido desde a segunda metade dos anos 1970, é possível verificar grandes diferenças existentes em relação ao que se tem na atualidade, em se tratando de direitos. O que em outros continentes levou dois séculos para ocorrer, na América Latina ocorreu em menos de três décadas, em que pese com muitos problemas, defeitos e riscos.

A universalidade dos direitos também deve ser encarada de um ângulo político, a partir do qual esse atributo implicaria sobre todos os habitantes do mundo, independentemente do país em que são nascidos e do local do planeta em que nasceram. Nesse sentido, seja qual for o lugar em que se localizam, os indivíduos devem ter ao menos o mesmo núcleo básico de direitos fundamentais, que também devem ser respeitados por todos os governos. É elementar que o modo como esse cerne básico poderia ser incorporado nos diferentes sistemas jurídicos não necessita ser uniforme para estar em conformidade com os preceitos da justiça: a história, a cultura e o pensamento de cada povo ou comunidade podem contribuir de um modo ou de outro para isso e de fato acrescentar, historicamente, uma variedade de nuances e contrastes ao conjunto dos direitos fundamentais abalizados nas respectivas Constituições.[155]

Para o neoconstitucionalismo, a democracia condiz com o sistema de tomada de decisão partindo de processos políticos de participação, nos quais as maiorias tomam decisões sem, entretanto, ofuscar os pontos de vista das minorias. As deliberações são traçadas, na maior parte das vezes, através do voto direto ou da nomeação de representantes com projetos políticos identificados com os anseios das maiorias. Trata-se da democracia fundada a partir das revoluções burguesas pautadas nos valores de participação política, separação de Poderes e normatização de vontades políticas. Por participação

[155] CARBONELL, Miguel. Neoconstitucionalismo y derechos fundamentales en América Latina. *Pensamiento Constitucional*, v. 14, n. 14. Lima: Pontificia Universidad Catolica del Peru – PUCP, 2010.

política, compreende-se a cidadania ativa e passiva, que consiste na possibilidade de eleger e ser eleito.

Todavia, efetivamente, quando temas sensíveis são decididos pelas Cortes Constitucionais (que numerosas vezes assumem a função de legislador negativo e até mesmo de legislador positivo), à parte das expectativas e desejos da cidadania, o neoconstitucionalismo rompe com a noção de participação democrática e de resolução a partir do anseio das maiorias. Embora os tribunais vigentes possam (ou ao menos deveriam) decidir politicamente pelo povo, qualquer estrutura, sistema ou organização pode reproduzir a colonialidade, bastando reiterar e perenizar o conjunto de abstrações que validam a superioridade de certos grupos humanos sobre os demais. As instituições latino-americanas, que carregam até os dias de hoje traços determinantes europeus, ainda exprimem a colonialidade ao refutar valores e pluralidades no seu modo de interagir com o mundo, mantendo marginalizados e estigmatizados determinados grupos de indivíduos, o que se reflete no Direito vigente aplicado. Por esse motivo, o neoconstitucionalismo não é capaz de oferecer plenamente respostas para a compreensão de participação, de igualdade e de diferença em cenário de heterogeneidade social.[156]

Lenio Streck aduziu que o neoconstitucionalismo trouxe consigo consequências indesejáveis no que diz respeito às violações ao próprio texto constitucional:[157]

> Destarte, passadas mais de duas décadas da Constituição de 1988, e levando em conta as especificidades do direito brasileiro, é necessário reconhecer que as características desse neoconstitucionalismo acabaram por provocar condições patológicas, que, em nosso contexto atual, acabam por contri-

156 BARBOSA, Maria Lúcia; TEIXEIRA, João Paulo Allain. Neoconstitucionalismo e Novo Constitucionalismo Latino-Americano: dois olhares sobre igualdade, diferença e participação. *Direito & Práxis*, v. 8, n. 2. Rio de Janeiro: Universidade Estadual do Rio de Janeiro – UERJ, 2017.

157 STRECK, Lenio Luiz. Contra o Neoconstitucionalismo. *Constituição, Economia e Desenvolvimento*, v. 3, n. 4. Curitiba: Academia Brasileira de Direito Constitucional, 2011, p. 12.

> buir para a corrupção do próprio texto da Constituição. Observe-se que, escandalosamente, sob a bandeira "neoconstitucionalista", defende-se, ao mesmo tempo, um direito constitucional da efetividade; um direito assombrado por uma vulgata da ponderação de valores; uma concretização ad hoc da Constituição e uma pretensa constitucionalização do ordenamento a partir de jargões vazios de conteúdo e que reproduzem o prefixo neo em diversas ocasiões, tais quais: neoprocessualismo (sic) e neopositivismo (sic). Tudo porque, ao fim e ao cabo, acreditou-se ser a jurisdição responsável pela incorporação dos "verdadeiros valores" que definem o direito justo (vide, nesse sentido, as posturas decorrentes do instrumentalismo processual).

Nesse sentido, para diversos estudiosos, as instituições do mundo moderno se encontram em crise. Tal abalo ocasionará uma alteração referencial, com modificação estrutural e reformas constitucionais, o que já vem ocorrendo em países vizinhos do Brasil, como é o caso do Equador, Bolívia, Venezuela e Colômbia. Em tais países, está sendo introduzido um projeto constitucional que traz consigo acentuadas modificações nos modos de sistematização do poder estatal; na atuação popular na tomada de decisões; na salvaguarda dos direitos fundamentais sociais, entre outros direitos; na procura por uma nova função da sociedade no Estado; e na maior agregação de todas as esferas da população.[158]

O neoconstitucionalismo europeu não tem se mostrado hábil a lidar com as diversidades, sejam elas econômicas, culturais, de crença, de raça e de gênero, entre várias outras. De certo modo, a conceituação de cidadania retratou um modo relativamente efetivo de lidar com a distinção. A idealização discursiva em torno do referencial da cidadania representa um modo eficaz para possibilitar a coexistência entre diferentes, já que autoriza a separação do seio privado (onde os indivíduos podem ser distintos em suas crenças, convicções, etc.) da esfera pública (onde os sujeitos devem ser análogos, já que cidadãos).[159]

[158] ALVES, op. cit.

[159] BARBOSA; TEIXEIRA, op. cit.

7.3 As urgências por um novo constitucionalismo na América Latina

Uma investida em oferecer respostas para o entendimento de participação, de igualdade e de diferença em um cenário de complexidade social, vem sendo erigida desde o final dos anos 1990 em alguns países latino-americanos, os quais, alavancados por urgências sociais e políticas, alvitraram a instituição de assembleias constituintes mais atentas à participação popular na elaboração e promulgação de textos constitucionais que notem e festejem as diversidades nacionais. Nesse sentido, o oferecimento de uma corrente chamada de novo constitucionalismo latino-americano procura superar a aspiração pela universalidade epistemológica abalizada pela Modernidade. Isso ocorre porque o constitucionalismo até então vigente, cujos moldes originários são europeus, é engajado fundamentalmente na proliferação de uma logicidade colonialista inferiorizante. O novo constitucionalismo emerge dos empirismos constitucionais de Estados latino-americanos que passam a reconsiderar as agendas do constitucionalismo europeu tipicamente enraizado no continente, propondo novas perspectivas a respeito dos direitos fundamentais e da estruturação do Estado.[160]

Nas derradeiras décadas, obteve força o protagonismo popular nos países latino-americanos, o qual entabulou uma proposta de rompimento social e institucional desde os novos textos constitucionais da Venezuela (1999), do Equador (2008) e da Bolívia (2009). Tais constituições emergem de métodos de mobilização social e da implementação de novos governos respaldados pelas maiorias populares, com relevante atuação dos coletivos originários e campesinos. Essencialmente, procura-se ajustar a Constituição jurídica formal às heterogeneidades dessas culturas e sociedades. A moção dessas constituições é totalmente antagônica ao constitucionalismo tradicional,

[160] SPAREMBERGER, Raquel Fabiana Lopes; DAMÁZIO, Eloise da Silveira Petter. Discurso constitucional colonial: um olhar para a decolonialidade e para o "novo" Constitucionalismo Latino-Americano. *Pensar – Revista de Ciências Jurídicas*, v. 21, n. 1. Fortaleza: Universidade de Fortaleza – UNIFOR, 2016.

assinalado pelo formalismo de base eurocêntrica e excludente. O novo constitucionalismo desponta dos levantes e demandas sociais, das revoltas e reivindicações, sugerindo a inversão do paradigma eurocêntrico de poder, focado tenazmente nas esferas hegemônicas.[161]

O novo constitucionalismo compreende em seus textos constitucionais os direitos de feição coletiva associados às populações indígenas e/ou coletivos afrodescendentes, como o direito ao usufruto da terra, a autodeterminação e a autonomia, os direitos culturais, a educação, o idioma, os usos e os costumes. Trata-se de direitos invariavelmente negados no decorrer de uma lamentável história de resistência, extorsão, genocídio e violência. Ademais, são recepcionados os direitos ambientais, que preservam a biodiversidade e o meio ambiente e cuja importância já era compreendida pelas culturas remotas. A Constituição equatoriana, por exemplo, classifica a natureza como sujeito de direitos e, nessa condição, deve ser encarada e cuidada. A Constituição, do mesmo modo que a concepção de Estado, não é vista como uma verdade universal que sobressai perante as relações humanas, pois é oriunda do povo, que não é um coletivo estático e inerte. Assim, o estudo do Direito Constitucional não é moderado e restrito, mas uma coisa complexa.[162]

Daniel Valença, Ronaldo Moreira Júnior e Rayane Cristina Gomes tratam sobre o caso boliviano, em que a fortificação do eixo indígena-camponês-popular elevou a disputa de classes para níveis estruturantes:[163]

> A preservação de relações sociais de produção de caráter semifeudal e da não emancipação política de indígenas implicou na convivência com periódicas crises de Estado. As classes dirigentes não exerceram seu domínio a

[161] FERREIRA; PAVI; CAOVILLA, op. cit.

[162] SPAREMBERGER, Raquel Fabiana Lopes; DAMÁZIO, Eloise da Silveira Petter. **Op. cit**, 2016.

[163] VALENÇA, Daniel Araújo; MAIA, JÚNIOR, Ronaldo Moreira; GOMES, Rayane Cristina de Andrade. O novo constitucionalismo latino-americano: análise marxista da invisibilização da luta de classes nas investigações jurídicas críticas. *Revista Brasileira de Políticas Públicas*, v. 9, n. 2. Brasília: Centro Universitário de Brasília – UniCEUB, 2019, p. 370.

> partir do exercício de hegemonia frente aos setores subalternos, ou seja, de direção política e moral sob estas. Por conseguinte, à coercitividade se ergueram lutas populares, de caráter preponderantemente indígena, até o século XIX; mineiro, no século XX e, no século XXI, uma mescla de classe e etnia, de campesinato e indianismo. Portanto, a vitória eleitoral de 2005 tratou-se, em verdade, de um *aufhebung*, uma superação-conservação: as diversas formas organizativas e horizontes subalternos, o sindicalismo rural, os *ayllus*, o marxismo, o nacionalismo revolucionário, o indianismo; toda essa original pluralidade subversiva histórica boliviana se encontrou, se entrelaçou e mesclou, derrotando o cambaleante bloco neoliberal.

Como resultado das dinâmicas relações de disputas de classes dentro da sociedade boliviana, o fortalecimento do bloco indígena-camponês-popular leva o patamar de disputa para níveis estruturantes.

Esse novo tipo de constitucionalismo carrega consigo atributos descolonizadores, com o reconhecimento da visão de mundo indígena e com um projeto societário inovador, que pretende incluir indivíduos e sujeitos historicamente excluídos e marginalizados, notadamente os indígenas, as mulheres e os trabalhadores rurais. Nessa direção, o novo constitucionalismo, também chamado de neoconstitucionalismo andino, pluralista, experimental, pluralista intercultural ou transformador, se apresenta como uma relevante modificação no que tange ao modelo constitucional de fundamento europeu até então empregado na América Latina. A urgência por serem adotados novos modelos é oriunda da inadequação do constitucionalismo clássico europeu para tratar dos problemas peculiares da América Latina, não vividos pela Europa, como a passagem pelo estágio de colônia e o consequente estado de segregação e exclusão de populações originárias e majoritárias, o que possui correlação com a pobreza generalizada. Além disso, as conquistas dos movimentos emancipatórios europeus não foram introduzidas no continente latino-americano.[164]

[164] BRAGATO; CASTILHO, cit., 2014.

É possível dizer que os processos de mobilização social, tanto na Bolívia como no Equador, foram encarregados pela tentativa de superar terminantemente os panoramas desenvolvimentistas da Modernidade, ao terminar com o lapso de exclusividade da maneira de entendimento do mundo europeizado e inserir, na América Latina, a discussão desde a ótica indígena, utilizando-se da interculturalidade. Dessa maneira, seus atores buscaram o descobrimento de sua própria identidade enquanto Outros, por meio de modos de arranjo e de falas que lhes são peculiares, realizando um intenso questionamento sobre colonialidade e dependência. Para isso, sua estratégia principal, além das exigências pontuais em oposição ao neoliberalismo, foi o anseio por assembleias constituintes que alcançassem uma profunda modificação no pacto social retratado pelas Constituições e, desse modo, pudesse transmutar o próprio Estado moderno.

A intenção constituinte das camadas populares nas derradeiras décadas se expressa no continente por meio de uma extensa movimentação social e política que esculpe um constitucionalismo "de baixo para cima", exercido pelos marginalizados e seus consortes, com o propósito de estender a esfera da política para além do campo liberal, por uma institucionalidade nova (plurinacionalidade), outra territorialidade (autonomias assimétricas), uma legalidade inovadora (pluralismo jurídico), um sistema político diferente (democracia intercultural) e distintas subjetividades individuais e coletivas (individualidades, coletivos, nações, povos e naturalidades). Tais transformações, de maneira agregada, serão capazes de assegurar a efetuação de políticas anticapitalistas e anticoloniais. Isso se deve ao fato de que a História constitucional da América Latina atesta que, desde a emancipação política de suas nações, os processos constituintes não foram integralmente democráticos: muitas vezes eles foram conduzidos pelas elites distanciadas do povo, sendo que este é o verdadeiro personagem soberano com legitimação para a consolidação de pactos sociais. O anseio pelo constitucionalismo e pela atribuição progressista das constituições cresceu em muitos países latino-americanos, ao lado da expansão da consciência de exploração dos seus cidadãos e do indicativo da diminuta correlação dos interesses dos representantes políticos com os dos representados".[165]

José Luiz de Magalhães e Audrey Chalfun pavimentaram a ideia de que o capitalismo só foi possível em virtude de ter se constituído como um sistema mundial de exploração e de subalternidade:[166]

> Nesta linearidade histórica, ouvimos absurdos, como a expressão de modernidade tardia, ou capitalismo tardio, como se alguns países do continente "americano", por exemplo, que foram chaves na construção do mundo capitalista moderno, só agora chegassem à modernidade e ao capitalismo evoluído. Ora, se existe este sistema econômico, ele se construiu enquanto tal, justamente com a exploração dos recursos naturais da América, África, Ásia e Oceania, e com a colonização, opressão e incontáveis violências contra os povos originários destes continentes. O capitalismo moderno não é mais a Suécia ou os Estados Unidos, do que a Somália, o Paraguai, o Brasil, Burkina Faso, Congo ou México, ou qualquer outro estado nacional que se constitui a partir do projeto moderno e se inseriu neste projeto com papeis distintos, alimentando o sistema com mão de obra escrava e/ou barata; com recursos naturais, ou como consumidor destes recursos, ou do produto no qual estes recursos foram transformados. Este sistema só foi possível porque se constituiu enquanto um sistema global de exploração, guerras coloniais, escravidão e colonialidades.

O sistema capitalista concebe sistemas jurídicos para servirem de expedientes institucionais e conceituais/funcionais para a validação e

---

[165] ALMEIDA, Marina Corrêa de. *O Novo Constitucionalismo na América Latina*: o descobrimento do Outro pela via do Pluralismo Jurídico Comunitário-Participativo. Dissertação de Mestrado em Direito. Florianópolis: Universidade Federal de Santa Catarina – UFSC, 2013.

[166] MAGALHÃES, José Luiz Quadros de; CHALFUN, Audrey Gonçalves de Castro. Novo Constitucionalismo e superação da Modernidade. *Revista da Faculdade de Direito da UFMG*, n. 66. Belo Horizonte: Universidade Federal de Minas Gerais – UFMG, 2015, p. 391.

representação do seu complexo autoritário e explorador de estruturação da vida social. Em certas passagens da História, camadas sociais fragilizadas se utilizaram de situações políticas que lhes possibilitem obtenção de realizações e vitórias diante do capital (não somente no mercado de trabalho, mas também nas esferas identitárias-étnicas, de gênero, de orientação sexual, etc.). Tais conquistas lhes conferem espaço institucional, ratificando novos direitos e até concebendo instrumentos formais para a sua salvaguarda.

Entretanto, empiricamente, nota-se que o organograma de faces múltiplas do capital atua de maneira permanente para impedir a efetivação desses direitos nos mais variados campos, em especial o econômico. Ademais, é preciso observar o fato de que o novo constitucionalismo latino-americano não deixa de ser constitucionalismo, então de uma forma ou de outra é um fenômeno oriundo da Modernidade europeia que foi importado para a América Latina, atualmente e outrora, por meio do exercício de colonialidade do poder e do conhecimento. Isto é, por mais que se invente e varie em matéria de Constituição, a consolidação desta com a redenção dos costumes ancestrais e com as pretendidas modificações sociais estará sempre sujeita às situações materiais de poder.[167]

7.4 Pluralismo jurídico como atributo do novo constitucionalismo latino-americano

O pluralismo jurídico, demasiadamente estudado pelos professores Antonio Carlos Wolkmer e Boaventura de Sousa Santos, é expediente que se apresenta para reapreciar a circunstância de dominância das elites, possibilitando a recognição e o apreço à variedade de atos jurídicos paralelos ao Estado que indicam um ponto de vista distinto a respeito do Direito. Isso ocorre porque o Direito não pode delimitar todas as interações de diferentes nichos sociais, com especificidades particulares e divergentes do Direito formalista, entendido como

[167] BELLO, Enzo. O pensamento descolonial e o modelo de cidadania do novo constitucionalismo latino-americano. *Revista de Estudos Constitucionais, Hermenêutica e Teoria do Direito – RECHTD*, v. 7, n. 1. São Leopoldo: Universidade do Vale do Rio dos Sinos – Unisinos, 2015.

unitário e válido. Isso traduz a ideia de que o pluralismo jurídico está direcionado ao diagnóstico da pluralidade de direitos num mesmo lugar geopolítico, dirigidos a novos agentes sociais, caracterizados pela heterogeneidade e que no decorrer do tempo foram marginalizados pelo poder irrestrito dos círculos privilegiados. Pode-se afirmar que, na estruturação e dinâmica do pluralismo jurídico, constata-se a correlação na variedade de entidades sociais, tais como organizações religiosas, sindicatos, companhias e agremiações civis.[168]

No século XIX e nas primeiras décadas do século seguinte, a questão do pluralismo jurídico já havia tido certo tratamento pela Filosofia e pela Teoria Geral do Direito. Depois foi sendo paulatinamente ofuscado pela atuação de um grupo de razões que merecem ser distinguidas: as mudanças na combinação dos meios de produção no seio das composições capitalistas centrais, que gerou um domínio cada vez mais amplo do modo de produção capitalista sobre o modo de produção pré-capitalista; o assentamento do predomínio político do Estado burguês, especialmente por meio da politização gradativa da sociedade civil; o progresso simultâneo das convicções jus-filosóficas positivistas. Mais tarde, a temática do pluralismo jurídico foi sendo resgatada pela Antropologia do Direito.

Lucas Machado Fagundes tratou sobre a ocasião do surgimento de estudos antropológicos que constaram em várias sociedades como experiências jurídicas que substancialmente eram resultado de contextos pós-coloniais:[169]

> Ademais, em tempos posteriores, o debate sobre o Pluralismo Jurídico acabou restrito ao sentido de definição do Direito, confrontando-se com as teorias jurídicas que justificavam o monismo concretizado à época, em especial as teses de Hans Kelsen. Esse debate se apresenta infrutuoso dentro da perspectiva pluralista, afinal a órbita do Pluralismo Jurídico é a realidade

[168] FERREIRA; PAVI; CAOVILLA, op. cit.

[169] MACHADO FAGUNDES, Lucas. *Juridicidades insurgentes*: elementos para o pluralismo jurídico de libertação latino-americano. Tese de Doutorado em Direito. Florianópolis: Universidade Federal de Santa Catarina – UFSC, 2015, p. 305.

> e a cotidianidade vivente dos seres organizados em comunidade na busca pelo arranjo social para melhor desenvolvimento da vida. Ora, os debates delineadores do Direito ou do sentido jurídico é assunto que cabia aos novos doutrinadores e a suas matrizes filosóficas como desdobramento do positivismo científico e de suas vertentes centralizadoras e monoculturais. Ao tempo que se vai superando esse contexto, surgem as pesquisas dos antropólogos que, na sua condição de leigos nos assuntos da discussão doutrinária jurídica, verificam em diversas sociedades não industrializadas ou com industrialização tardia experiências jurídicas além do Estado, mas que fundamentalmente eram fruto de contextos pós-coloniais, a virtuosa vertente jurídica em que o próprio Direito do Estado não chegava.

É possível identificar duas prováveis origens para o pluralismo jurídico: uma colonial e uma não colonial. Na primeira conjunção, o pluralismo aprimorou-se em regiões que foram dominadas econômica e politicamente e onde, por isso, regeu o ordenamento jurídico do Estado colonizador em concomitância com o Direito originário. No segundo quadro, há três situações diferentes: o contexto dos países com cultura e tradição jurídicas próprias, mas que respaldaram o Direito advindo da Europa como meio de modernização e de estabelecimento do poder estatal, sem que tenham eliminado, na esfera sociológica, seu Direito tradicional (exemplos de Turquia, Tailândia e Etiópia); a conjuntura dos locais que, mesmo depois de atravessarem uma revolução social, mantiveram o Direito tradicional, apesar de haver conflito deste com o Direito revolucionário (caso da repúblicas da Ásia Central, com costumes islâmicos, integradas pela antiga União Soviética); e, por derradeiro, a situação dos contingentes indígenas ou nativos que foram sujeitados a uma métropole, embora tivessem autorização, implícita ou explícita, para, em determinados alcances, manterem seus Direitos originários (como é o caso de algumas populações indígenas da América do Norte e da Oceania).[170]

[170] SANTOS, Boaventura de Sousa. *O discurso e o Poder*: ensaio sobre a sociologia da retórica jurídica. Porto Alegre: Fabril, 1988.

Embora existam diversas expressões sociais inseridas no mesmo campo geopolítico latino-americano, verifica-se que, no decorrer dos séculos, elas foram ocultadas pela colonização e pela hegemonia estatal, produzindo, então, um Direito direcionado às elites e que não pretende a emancipação do indivíduo. Assim sendo, o pluralismo jurídico inclina-se a apontar que o poder do Estado não é a única e restrita nascente de todo o Direito, concedendo espaço à criação e aplicabilidade normativa focada na coerção e autenticidade de um múltiplo e impreciso sistema de poderes, emitido dialeticamente pelo corpo social e pelos seus variados indivíduos, coletivos sociais ou comunidades. Sem que se adentre em um debate sobre as variações do pluralismo jurídico, seja o "oriundo de cima", de cunho internacional e globalizado, seja o do molde "proveniente de baixo", por meio de ações sociais emancipadoras e de levantes sociais, convém realçar a enunciação de um "constitucionalismo pluralista, dotado de senso comunitário e com feição intercultural".[171]

O ordenamento jurídico monista individualista, voltado à imagem estatal como fonte irrestrita de Direito, exibe-se superado, já que não corresponde aos litígios e necessidades do corpo social contemporâneo. A sociedade está definida por um alto nível de transformação, bem como pela diversidade cultural, principalmente no que diz respeito ao continente latino-americano e ao Brasil. A concepção do pluralismo jurídico pretende colaborar com a evolução do Direito moderno, afinal identifica a sociedade como fonte de Direito e questiona axiomas jurídicos estabelecidos pela classe burguesa-individualista dos séculos pretéritos.

É na direção do progresso jurídico, não apenas na esfera teórico-filosófica, mas especialmente na prática jurídica e na consolidação social do Direito, que o pluralismo demonstra ser uma alternativa realizável. Assim, o pluralismo social é uma próspera possibilidade,

[171] WOLKMER, Antonio Carlos. Pluralismo crítico e perspectivas para um novo constitucionalismo na América Latina. *In*: WOLKMER, Antonio Carlos; MELO, Milena Petters (orgs.). *Constitucionalismo latino-americano*: tendências contemporâneas. Curitiba: Juruá, 2013.

além de ser uma realidade perceptível na sociedade contemporânea. Na medida em que não teve as necessidades e litígios pacificados pelo Estado, o corpo social procura automedicar-se, desenvolvendo instrumentos próprios para a pacificação de seus conflitos. Em numerosas ocasiões, tais expedientes demonstram ser mais eficientes e democráticos (e, por qual razão, não usar também o predicado "justos") do que o próprio modelo jurídico do Estado.[172]

Boaventura de Sousa Santos expôs que o aumento da definição de pluralismo jurídico é paralelo à dilatação do conceito de Direito:[173]

> A ampliação do conceito de pluralismo jurídico é concomitante da ampliação do conceito de direito e obedece logicamente aos mesmos propósitos teóricos. Com ela visa-se enriquecer o campo analítico da teoria do direito e do estado através da revelação de lutas de classes em que o direito ocupa, de múltiplas formas, o centro político das contradições. Daí que a perspectiva teórica desse trabalho assente numa análise sociológica do pluralismo jurídico. O reconhecimento jurídico deste por parte do direito dominante não é determinante para a conceptualização da situação como de pluralismo jurídico; é-o, no entanto, para a configuração concreta desta, razão por que deve ele próprio ser objeto, nesta qualidade, de análise sociológica.

Reformular um modo de vida incentiva o acréscimo cultural para outras modalidades de coexistência entre culturas, de interações sociais e deliberações das ações emergentes e estruturantes por contendas sociais. Assim, o campo de atuação não estará no Estado nem no mercado, mas sim na sociedade civil e na potência da organização comunitária, enquanto novo cenário de coabitação, de concretização da cooperação, da heterogeneidade e da variedade cultural. Em sua habilidade geradora, a força comunitária propicia aos panoramas institucionais novos princípios interculturais e

172 BORTOLOZZI JUNIOR, Flavio. Pluralismo jurídico e o paradigma do Direito moderno: breves apontamentos. *Cadernos da Escola de Direito e Relações Internacionais,* v. 1, n. 12. Curitiba: Faculdades Integradas do Brasil – Unibrasil, 2010.

173 SANTOS, cit., 1988, p. 77-78.

inovadores métodos plurais de ação política e de acesso à justiça, alçando novos personagens sociais, como nascente de legitimação do cenário sociopolítico e da composição em ascensão de direitos.

Destarte, perante o aparecimento de novos formatos de opressão e exclusão, que são gerados pela globalização do capital e pelo neoliberalismo e vêm abalando significativamente condutas sociais, meios de representação, de validação e de métodos de conhecimento, cumpre ruminar politicamente a força da comunidade, o regresso dos indivíduos históricos em luta e o invento alternativo de juridicidade, com suporte na perspectiva da pluralidade das fontes. É indubitável que a consolidação de uma cultura jurídica antiformalista e antidogmática, pautada nas convicções do poder comunitário e pluralista, está inevitavelmente adstrita aos parâmetros de uma nova legitimidade oriunda "de baixo".[174]

Segundo Antonio Carlos Wolkmer, para o alicerçamento desse projeto de pluralismo jurídico, é preciso repensar matérias como as relacionadas às fontes, às razões e ao objeto do Direito, procurando, dessa maneira, aludir a um novo ramo jurídico, motivado pela própria comunidade, e não mais exclusivamente pelo Estado:[175]

> Torna-se imperativo que o pluralismo como novo referencial do político e do jurídico esteja necessariamente comprometido com a atuação de novos sujeitos coletivos (legitimidade dos autores), com a satisfação das necessidades humanos essenciais ("fundamentos materiais") e com o processo político democrático de descentralização, participação e controle comunitário (estratégia). Soma-se ainda a inserção do pluralismo jurídico com certos "fundamentos formais" como a materialização de uma "ética concreta da alteridade" e a construção de processos atinentes a uma "racionalidade emancipatória", ambas capazes de

[174] WOLKMER, Antonio Carlos. Pluralismo jurídico, movimentos sociais e processos de lutas desde América Latina. *In*: WOLKMER, Antonio Carlos; LIXA, Ivone Fernandes M. (orgs.). *Constitucionalismo, descolonización y pluralismo jurídico en América Latina*. Aguascalientes/ Florianópolis: CENEJUS/ UFSC-NEPE, 2013.

[175] WOLKMER. Antonio Carlos. *Pluralismo jurídico*: fundamentos para uma nova cultura do Direito. São Paulo: Alga Ômega, 2001, p. 233-234.

traduzir a diversidade e a diferença das formas de vida cotidianas, a identidade, informalidade e autonomia dos agentes legitimadores.

As bases desse projeto jurídico comunitário-participativo não estão localizadas em uma estrutura ordenada de atos normativos emitidos pelo Estado. A validade do pluralismo jurídico não está vinculada ao fato de ele ter sido concebido partindo de um composto de comandos processuais racionalmente fixados, mas sim nas ações sociais dos novos indivíduos coletivos de Direito que organizam o seu empenho ao redor de um projeto que proporcione a satisfação dos anseios humanos essenciais das camadas sociais marginalizadas, no cerne da ótica do erguimento político e jurídico participativo e descentralizado. Desse modo, torna-se possível a estruturação de uma racionalidade de feição emancipatória, com atributos dialéticos e fundada no próprio dia a dia social.

Na composição dessa nova cultura, oriunda da interatividade entre a ação e a teoria, deverão estar presentes os preceitos caracterizadores dos novos indivíduos coletivos, tais como a identidade, a liberdade, a cooperação, a satisfação das necessidades elementares, entre outros. Como citado modelo de pluralismo jurídico está vinculado aos princípios de uma sociedade mais justa e isonômica, seus integrantes travam as lutas ao redor da redução do desequilíbrio no elo de poder e da emancipação dos contingentes sociais. O pluralismo jurídico, como proposta emancipatória, legitima-se, por conseguinte, nas ações sociais, de subjetividades insurgentes e participativas dos novos indivíduos coletivos de Direito, que, ao orientarem sua batalha costumeira para o atendimento das necessidades humanas primordiais e para a diminuição das interações desiguais de poder, são efetivos atores geradores de Direito.[176]

Partindo do pluralismo jurídico, a interação entre os ordenamentos emerge de maneira coletiva e compartilhada, se completando e harmonizando para o atendimento de suas finalidades constitu-

[176] FELISMINO, Lia Cordeiro. Pluralismo jurídico: um diálogo entre os pensamentos emancipatórios de Boaventura de Sousa Santos e Antonio Carlos Wolkmer. *Anais do XIX Encontro Nacional do CONPEDI/UFC*. Florianópolis: Fundação Boiteux, 2010.

cionais. Verifica-se a coexistência e originalidade de várias ordens jurídicas simultaneamente, as quais ratificam as validades uma da outra inseridas em seus campos de competência sem reconhecer, porém, a preeminência constitucional sobre a outra. Além disso, tanto as ordens nacionais quanto as internacionais podem equivocar-se quando colocadas perante questões constitucionais, inclusive com celeumas de Direitos Humanos. Dessa forma, supera-se a ideia de hierarquia entre os variados ordenamentos jurídicos ou de distinção entre o Direito interno e o internacional, para identificar a organização entre os sistemas.

Destaca-se, neste prisma, que o pluralismo jurídico oferece maiores benefícios ao corpo social como um todo, ao possibilitar a primazia da norma mais benéfica ao indivíduo, seja ela internacional ou local. Permite-se a maleabilidade do Direito, o que faz ser possível uma mais célere adaptação às alterações do mundo globalizado; uma maior inserção do Estado nação no mundo global; maior aceitação da diversidade e maior estabilidade institucional, já que viabiliza que as mais variadas organizações colaborem no processo de formação e aplicação do Direito e se abalizem reciprocamente. Desta maneira, é possível declarar que o pluralismo jurídico, em oposição às teorias preponderantes no passado, melhor se ajusta à realidade da atualidade, caracterizada pelo robustecimento do Direito Internacional e dos Direitos Humanos, já que estimula formas de se garantir a preponderância do comando normativo que assegure a proteção do sujeito e garanta um sistema mais coparticipante, de modo a sobrepujar as discussões referentes ao monismo e/ou dualismo, para intensificar-se na concreta salvaguarda do indivíduo no contexto global.[177]

[177] CALIXTO, Angela Jank; CARVALHO, Luciani Coimbra de. Pluralismo jurídico: uma nova perspectiva a respeito da relação entre os sistemas jurídicos internacional e interno. *Congresso Internacional de Direitos Humanos*. Campo Grande: Universidade Católica Dom Bosco – UCDB e Universidade Federal de Mato Grosso do Sul – UFMS, 2016.

8.

CONCLUSÃO

Na atualidade, os estudos e análises com traços decoloniais têm explicitado como a colonialidade do poder, do conhecimento, da existência e da humanidade, herança da racionalidade iluminista moderna, tem delineado, há mais de cinco séculos, as interações de cunho social, político, econômico e cultural dos tecidos sociais latino-americanos. Tais relações situam-se estruturadas sob uma binariedade contrastante e excludente, onde o branco (o europeu) é semelhante ao salutar, bonito, competente e humanizado, enquanto o negro ou o indígena remetem à ruindade, à distorção, à inabilidade e à desumanização. Nesse sentido, as estruturas modernas latino-americanas concebidas no seio dessa lógica seguem reproduzindo estruturalmente essa binariedade antagônica. Dentro desse mecanismo, verifica-se que os Direitos Humanos clássicos acabam por ser aplicados seletivamente, conforme os indivíduos em questão:

com muita presteza e cuidado às pessoas brancas, sobretudo quando oriundas de classes sociais privilegiadas, e com muita negligência aos afrodescendentes e/ou indígenas.

Perante o ofuscamento e discriminação sistêmicos engendrados pelo racismo estrutural, seja ele étnico, identitário, patriarcal e/ou heteronormativo a que são submetidos os latino-americanos, repercute-se a constatação da pluralidade de manifestações e inaugura-se a reflexão a respeito de quais indivíduos possuem o direito à expressão em um corpo social estruturado nos conceitos etnocêntricos europeus importados de subjugação, branquitude, masculinidade e heterossexualidade. Assim, a noção de "lócus de enunciação," usado por militantes das minorias e mais recentemente chamado de "lugar de fala" ou "lugar da palavra", se opõe às compreensões originadas da epistemologia hegemônica. Tal oposição é encontrada em diversas discussões na esfera acadêmica e na sociedade. Entretanto, não existe uma origem determinada a respeito de tal ideia, sendo crível que tenha se originado das tradições de debates sobre heterogeneidade, teoria crítica étnica e compreensão decolonial.

Sobre as heterogeneidades que envolvem a América Latina, não se pode rejeitar uma identidade para confirmar outra, sendo necessário enxergar as distinções e a ideia de que indivíduos brancos, afrodescendentes e indígenas partem de posições diversas. Não reconhecer essas posições e continuar desprezando que há origens variadas faz com que sujeitos brancos, exemplificativamente, permaneçam inábeis em notar sua atribuição com a transformação social e, por conseguinte, reeditem sujeições e injustiças em face das classes de minorias. Para que haja a compreensão da visão tanto de sujeitos brancos quanto de indígenas e afrodescendentes, deve-se levar em conta que estes últimos dois estão em uma situação de sujeição deveras difícil e que se encontram em um "não lugar". De todo modo, é necessário superar a lógica de que apenas os excluídos podem se expressar de suas localizações, afinal o mais relevante é que os sujeitos integrantes dos grupos sociais privilegiados, em uma postura ética, possam reconhecer as hierarquias causadas e como essa condição influencia diretamente na composição dos lugares dos grupos marginalizados.

Todavia, os subalternizados podem aprender a obter proveito tornando sua posição algo potente, utilizando de forma criativa sua situação de excluídos e marginalizados, infringindo as regras impostas e articulando transformações sociais. Tal fato descaracteriza a crença de fragilidade e incapacidade desses grupos e demonstra que a identidade reclamada por eles se estabelece como agente contraventor, político e autêntico. Parte-se, então, da concepção de que as cosmovisões se exibem distintivamente dispostas e as condições sociais obtidas possibilitam ou não que determinados coletivos alcancem status de cidadania.

Cuida-se de uma verificação que parte do posicionamento dos coletivos nas interações de poder, tendo em consideração os indicadores sociais de etnia, gênero, orientação sexual e camada social como componentes inseridos em inúmeras construções na organização social. Destarte, a luta pela autoafirmação, identidade e cidadania daquele que se encontra na condição de subjugado parte das inúmeras situações que geram as dessemelhanças e hierarquias e diz respeito à ponderação de como a condição de exclusão imposta prejudica a viabilidade de transcendência. Os diversos indivíduos heterogêneos, através de seus aprendizados e conhecimentos próprios, são potencialmente hábeis a estimular a transformação social: podem traçar interações com o objetivo de erguer novos convívios em sociedade, rompendo os silêncios e incitando a desestruturação das regras impostas, bem como superando a História monista edificada e irradiada por uma hegemonia epistemológica que, frequentemente, não reconhece e não valida os variados conhecimentos oriundos de múltiplas racionalidades.

A vertente decolonial busca a superação da composição eurocêntrica, que entende e institui a completude do tempo e do espaço para todos os seres humanos da concepção que parte de sua própria vivência e empirismo, inserindo sua particularidade histórico-cultural como paradigma referencial proeminente e universal. Entretanto, o paradigma da Modernidade é um expediente de epistemologia colonial e imperial que se refere à integralidade dos povos, tempo e espaço como integrante da estruturação colonial/ imperial do globo. Nesse sentido, o modo de se organizar e de ser do corpo social transmuta-se mediante esse dispositivo colonizador do conhecimento dado até então como formato "normal" da pessoa humana e da sociedade.

O decolonialismo escancara o fato de que os modos de ser, de se organizar em sociedade e de aprimorar conhecimento no continente latino-americano por quase cinco séculos foram encarados não apenas como distintos, mas como arcaicos, atrasados, defasados e primitivos. As tradições originárias do continente latino-americano por muito tempo foram situadas em um estágio pretérito ao desenvolvimento histórico do ser humano, fato que, no pensar coletivo, enfatizou sua subalternidade. Como havia um modo "natural" do indivíduo do corpo social e da pessoa humana, as demais manifestações culturais, em especial em decorrência de crenças de inferioridade de raça, foram encaradas como manifestamente inferiores e, em razão disso, tolhidas de evoluírem e de atingirem a condição de modernas. Para alguns, seria até possível pensar que os "outros" estavam demandando uma ação civilizatória ou modernizadora por parte daqueles que são detentores de uma cultura superior e/ou mais avançada para deixarem seu primitivismo ou atraso, entretanto os únicos destinos possíveis para eles era a aniquilação e o etnocídio.

O constitucionalismo moderno, importado da Europa, levou às Constituições latino-americanas o status de componentes fundadores e centrais de seus ordenamentos jurídicos. De início, tal constitucionalismo, com seu caráter liberal, visava somente à salvaguarda do indivíduo e dos direitos e prerrogativas ditas liberais, como a liberdade e o direito à propriedade. Com o aumento das desigualdades econômicas e sociais, reforçaram-se movimentos por novos direitos, emergindo então a concepção do Estado Social. Todavia, a vigência de comandos constitucionais prevendo e anunciando direitos sociais e estipulando limites à ação do Estado não inibiu a transgressão a direitos fundamentais e a eclosão de duas Guerras Mundiais no último século.

Como reação às violências ocorridas, mormente na Segunda Grande Guerra, aventou-se a inserção de matérias valorativas nas constituições, originando, então, o neoconstitucionalismo, com a intenção de banhar os ordenamentos jurídicos com temas axiológicos e preceitos de moralidade, dignidade da pessoa humana e rematerialização do Direito. Embora o neoconstitucionalismo tenha promovido diversos progressos nas ordens jurídicas do Ocidente, em alguns países latino-americanos cujo contingente populacional é predominantemente indígena e/ou negra, surgiram movimentos almejando maior participação popular e que fossem legitimados direitos já previstos. Foi nesse contexto que foi concebido o novo constitucionalismo latino-americano como levante social, jurídico e político, que busca a redefinição da atuação do poder constituinte, da efetivação do Direito, da coparticipação comunitária e da própria definição de Estado.

O Estado que rege o novo constitucionalismo latino-americano é um Estado que admite o pluralismo social e jurídico, resguardando os direitos de todas as esferas sociais. O fato é que não é que o neoconstitucionalismo é defasado: o que ocorre é que em certos países latino-americanos, onde foi concebido o novo constitucionalismo, os ordenamentos jurídicos idealizam e reconhecem direitos existentes no cerne da sociedade, com modos mais eficientes de coparticipação comunitária e de erguimento de um Estado que admita a heterogeneidade e as identidades de seu povo. Nessa direção, o novo constitucionalismo latino-americano sugere a criação de um Estado plurinacional, comunitário e mais próximo da democracia.

REFERÊNCIAS

AGRA, Walber de Moura. **Curso de Direito Constitucional**. Belo Horizonte: Fórum, 2018.

AGUIAR, Jórissa Danilla Nascimento. Teoria pós-colonial, estudos subalternos e América Latina: uma guinada epistemológica?. **Estudos de Sociologia**, v. 21, n. 41. Araraquara: Universidade Estadual Paulista – UNESP, 2016.

ALMEIDA, Marina Corrêa de. **O Novo Constitucionalismo na América Latina**: o descobrimento do Outro pela via do Pluralismo Jurídico Comunitário-Participativo. Dissertação de Mestrado em Direito. Florianópolis: Universidade Federal de Santa Catarina – UFSC, 2013.

ALVES, Marina Vitório. Neoconstitucionalismo e novo constitucionalismo latino-americano: características e distinções. **Revista da Seção Judiciária do Rio de Janeiro – SJRJ**, v. 19, n. 34. Rio de Janeiro: Justiça Federal do Rio de Janeiro, 2012.

AMIN, Samir. O imperialismo, passado e presente. **Tempo**, v. 9, n. 18. Rio de Janeiro: Universidade Federal Fluminense – UFF, 2005.

ARRUDA, José Jobson de Andrade. Imperialismo multinacional *versus* colonialismo clássico. **Economia e Sociedade**, v. 15, n. 2. Campinas: Universidade Estadual de Campinas – UNICAMP, 2006.

BAGGIO, Roberta Camineiro; RESADORI, Alice Hertzog; GONÇALVES, Vanessa Chiari. Raça e biopolítica na América Latina: os limites do direito penal no enfrentamento ao racismo estrutural. **Revista**

Direito e Práxis, v. 10, n. 3. Rio de Janeiro: Universidade Estadual do Rio de Janeiro – UERJ, 2019.

BANIWA, Gersem dos Santos Luciano. **O Índio Brasileiro**: o que você precisa saber sobre os povos indígenas no Brasil de hoje. Brasília: Secretaria de Educação Continuada, Alfabetização e Diversidade (Secad), Organização das Nações Unidas para a Educação, a Ciência e a Cultura (Unesco) e Projeto Trilhas de Conhecimentos – LACED/ Museu Nacional, 2006.

BARBOSA, Maria Lúcia; TEIXEIRA, João Paulo Allain. Neoconstitucionalismo e Novo Constitucionalismo Latino-Americano: dois olhares sobre igualdade, diferença e participação. **Direito & Práxis**, v. 8, n. 2. Rio de Janeiro: Universidade Estadual do Rio de Janeiro – UERJ, 2017.

BARBOSA, Wilson do Nascimento. Neocolonialismo: Um Conceito Atual?. **Sankofa – Revista de História da África e de Estudos da Diáspora Africana**, ano 4, n. 8. São Paulo: Universidade de São Paulo – USP, 2011.

BARCELLOS, Ana Paula de. Neoconstitucionalismo, direitos fundamentais e controle de políticas públicas. **Cadernos da Escola de Direito e Relações Internacionais da UniBrasil**, v. 1, n. 5. Curitiba: Centro Universitário Autônomo do Brasil – UniBrasil, 2005.

BARROS, Sulivan Charles. Os saberes subalternos e os Direitos Humanos: por uma teoria crítica dos Direitos Humanos. **Argumentos**, v. 10, n. 1. Montes Claros: Unimontes, 2013.

BARROSO, Luís Roberto. Neoconstitucionalismo e Constitucionalização do Direito. **Quaestio Iuris**, v. 2, n. 1. Rio de Janeiro: Universidade Estadual do Rio de Janeiro – UERJ, 2006.

BATISTA, Vanessa Oliveira; LOPES, Raphaela de Araújo Lima. Direitos Humanos: o embate entre teoria tradicional e teoria crítica. **XXIII**

Congresso Nacional CONPEDI/UFPB, Filosofia do Direito, v. III. Florianópolis: CONPEDI, 2014.

BELLO, Enzo. O pensamento descolonial e o modelo de cidadania do novo constitucionalismo latino-americano. **Revista de Estudos Constitucionais, Hermenêutica e Teoria do Direito – RECHTD**, v. 7, n. 1. São Leopoldo: Universidade do Vale do Rio dos Sinos – Unisinos, 2015.

BERNARDES, Cleide; CABRERA, Julio. A ética da libertação de Enrique Dussel: entre as éticas europeias e o principialismo na bioética. **Bioethikos**, v. 8, n. 4. São Paulo: Centro Universitário São Camilo, 2014.

BERNARDINO-COSTA, Joaze; GROSFOGUEL, Ramón. Decolonialidade e perspectiva negra. **Sociedade e Estado**, v. 31, n. 1. Brasília: Universidade de Brasília – UnB, 2016.

BERNARDINO-COSTA, Joaze; MALDONADO-TORRES, Nelson; GROSFOGUEL, Ramón (orgs.). Introdução. *In*: BERNARDINO-COSTA, Joaze; MALDONADO-TORRES, Nelson; GROSFOGUEL, Ramón. **Decolonialidade e pensamento afrodiaspórico**. Belo Horizonte: Autêntica, 2020.

BERSANI, Humberto. Racismo estrutural e o direito à educação. **Educação em perspectiva**, v. 8, n. 3. Viçosa: Universidade Federal de Viçosa – UFV, 2017.

BICALHO, Poliene Soares dos Santos. **Protagonismo indígena no Brasil**: movimento, cidadania e direitos (1970- 2009). Tese de Doutorado em História. Brasília: Universidade de Brasília – UnB, 2010.

BORTOLOZZI JUNIOR, Flavio. Pluralismo jurídico e o paradigma do Direito moderno: breves apontamentos. **Cadernos da Escola de Direito e Relações Internacionais**, v. 1, n. 12. Curitiba: Faculdades Integradas do Brasil – Unibrasil, 2010.

BOTOMMORE, Tom (org.). **Dicionário do pensamento marxista**. Rio de Janeiro: Zahar, 1988.

BRAGATO, Fernanda Frizzo; CASTILHO, Natalia Martinuzzi. A importância do pós-colonialismo e dos estudos descoloniais na análise do novo constitucionalismo latino-americano. *In*: VAL, Eduardo Manuel; BELLO, Enzo (orgs.). **O pensamento pós e descolonial no Novo Constitucionalismo latino-americano**. Caxias do Sul: Educs, 2014.

BRAGATO, Fernanda Frizzo; CASTILHO, Natalia Martinuzzi. O pensamento descolonial em Enrique Dussel e a crítica do paradigma eurocêntrico dos direitos humanos. **Direitos Culturais**, v. 7, n. 13. Santo Ângelo: Universidade Regional Integrada do Alto Uruguai e das Missões – URI, 2012.

BRIGHENTI, Clovis Antonio. Apresentação do dossiê sobre povos indígenas e estudos decoloniais. **Revista Epistemologias do Sul**, v. 2, n. 2. Foz do Iguaçu: Universidade Federal da Integração Latino-Americana – UNILA, 2018.

CALIXTO, Angela Jank; CARVALHO, Luciani Coimbra de. Pluralismo jurídico: uma nova perspectiva a respeito da relação entre os sistemas jurídicos internacional e interno. **Congresso Internacional de Direitos Humanos**. Campo Grande: Universidade Católica Dom Bosco – UCDB e Universidade Federal de Mato Grosso do Sul – UFMS, 2016.

CAMPOS, Luiz Carlos de Sá. Diálogo sobre a desigualdade, exclusão e a etnia: em sala de aula a partir do texto literário. **Anais do III Congresso Internacional e V Nacional Africanidades e Brasilidades em Educação**, v. 1, n. 5. Vitória: Universidade Federal do Espírito Santo – UFES, 2021.

CARBONELL, Miguel. Neoconstitucionalismo y derechos fundamentales en América Latina. **Pensamiento Constitucional**, v. 14, n. 14. Lima: Pontificia Universidad Catolica del Peru – PUCP, 2010.

CARNEIRO, Sueli. **Racismo, sexismo e desigualdade no Brasil**. São Paulo: Selo Negro, 2011.

CASANOVA, Pablo González. O Imperialismo, Hoje. **Tempo**, v. 9, n. 18. Rio de Janeiro: Universidade Federal Fluminense – UFF, 2005.

CASELAS, José Maria Santana. A utopia possível de Enrique Dussel: a arquitetônica da Ética da Libertação. **Cadernos de Ética e Filosofia Política**, v. 2, n. 15. São Paulo: Universidade de São Paulo – USP, 2009.

CASTILHO, Natalia Martinuzzi. **Pensamento descolonial e Teoria Crítica dos Direitos Humanos na América Latina**: um diálogo a partir da obra de Joaquín Herrera Flores. Dissertação de Mestrado em Direito. São Leopoldo: Universidade do Vale do Rio dos Sinos – Unisinos, 2013.

CHAMBERLAIN, Muriel Evelyn. **Decolonization**: the fall of the european empires. Oxford: Blackwell Publishers, 1985.

CHAVES, Luiz Carlos Noleto. O neocolonialismo e a emancipação da África: uma leitura a partir de Kwame Nkrumah. **Kwanissa – Revista de Estudos Africanos e Afro-Brasileiros**, v. 3, n. 5. São Luís: Universidade Federal do Maranhão – UFMA, 2020.

COLBURN, Forrest D. **Latin America at the end of Politics**. New Jersey: Princeton University Press, 2002.

COLLINS, Patricia Hill. Comment on Hekman's "Truth and Method: Feminist Standpoint Theory Revisited": Where's the Power?. **Signs**, v. 22, n. 2. Chicago: The University of Chicago Press Journals, 1997.

CRUZ, Matheus Mendanha. Posicionamentos contra Direitos Humanos: a realidade brasileira sob a perspectiva decolonial. **Vínculos de História**, n. 9. Ciudad Real: Universidad de Castilla – La Mancha, 2020.

CUNHA, Manuela Carneiro da Cunha (org.). **História dos Índios no Brasil**. São Paulo: Companhia das Letras; Secretaria Municipal de Cultura: FAPESP, 1992.

DIEHL, Diego Augusto. **A reinvenção dos Direitos Humanos pelos povos da América Latina**: para uma nova história decolonial desde a práxis de libertação dos movimentos sociais. Doutorado em Direito. Brasília: Universidade de Brasília – UnB, 2015.

DUSSEL, Enrique. **Ética da Libertação**: na idade da globalização e da exclusão. Petrópolis: Vozes, 2002.

FAJARDO, Raquel Z. Yrigoyen. El horizonte del constitucionalismo pluralista: del multiculturalismo a la descolonización. *In:* GARAVITO, César Rodríguez (org.). **El derecho en América Latina**: un mapa para el pensamiento jurídico del siglo XXI. Buenos Aires: Siglo Veintiuno Editores, 2011.

FANON, Frantz. **Les damnés de la terre**. Paris: Éditions La Découverte & Syro, 2002.

FANON, Frantz. **Os condenados da terra**. Rio de Janeiro: Civilização Brasileira, 1968.

FANON, Frantz. **Pele negra, máscaras brancas**. Salvador: EDUFBA, 2008.

FELISMINO, Lia Cordeiro. Pluralismo jurídico: um diálogo entre os pensamentos emancipatórios de Boaventura de Sousa Santos e Antonio Carlos Wolkmer. **Anais do XIX Encontro Nacional do CONPEDI/UFC**. Florianópolis: Fundação Boiteux, 2010.

FERNANDES, Florestan. Problemas de conceituação das classes sociais na América Latina. *In*: ZENTENO, Raúl Benitez (org.). **As classes sociais na América Latina**. Rio de Janeiro: Paz e Terra, 1977.

FERREIRA, Bruno; PAVI, Carmelice Faitão Balbinot; CAOVILLA, Maria Aparecida Lucca. Os movimentos sociais na América Latina do século XXI: um novo paradigma. *In*: WOLKMER, Antonio Carlos; CAOVILLA, Maria Aparecida Lucca (orgs.). **Temas atuais sobre o Constitucionalismo Latino-Americano**. São Leopoldo: Karywa, 2015.

FLORES, Joaquín Herrera. **A (re)invenção dos direitos humanos**. Florianópolis: Fundação Boiteux, 2009a.

FLORES, Joaquín Herrera. **Teoria Crítica dos Direitos Humanos**: os direitos humanos como produtos culturais. Rio de Janeiro: Lumen Juris, 2009b.

FOUCAULT, Michel. **Em defesa da sociedade**. São Paulo: Martins Fontes, 2010.

FREIRE, Paulo. **Pedagogia do oprimido**. 47. ed. Petrópolis: Vozes, 2005.

GOMES, Geisiane Anatólia. **Decolonialismo e crítica à história única**: possibilidades para a historiografia sobre os povos originários do Brasil. Dissertação de Mestrado em História. Mariana: a Universidade Federal de Ouro Preto – UFOP, 2018.

GONZAGA, Alvaro Luiz Travassos de Azevedo. **Decolonialismo indígena**. São Paulo: Matrioska, 2021.

GONZALEZ, Lélia. Racismo y sexismo em la cultura brasileña. *In*: BRINGEL, Breno; BRASIL JÚNIOR, Antonio (orgs.). **Antología del pensamiento crítico brasileño contemporáneo**. Buenos Aires: CLACSO, 2018.

KILOMBA, Grada. **Memórias da plantação**: episódios de racismo cotidiano. Rio de Janeiro: Cobogó, 2019.

LEDA, Manuela Corrêa. **Teorias pós-coloniais e decoloniais**: para repensar a sociologia da modernidade. Monografia de graduação em Sociologia. Brasília: Universidade de Brasília – UNB, 2014.

LOUREIRO, Camila Wolpato. **Paulo Freire, autor de *práxis* decolonial?**. Dissertação de Mestrado Interdisciplinar em Ciências Humanas. Erechim: Universidade Federal da Fronteira Sul – UFFS, 2020.

LUTZ, Maria Luiza Scherer; MATA, Edileny Tomé da. El pluralismo jurídico: entrelazado de la Teoría Crítica de los Derechos Humanos con el Constitucionalismo Latinoamericano. **Revista Paradigma**, v. 26, n. 1. Ribeirão Preto: Universidade de Ribeirão Preto – UNAERP, 2017.

MACHADO, Lucas. **Pluralismo jurídico e justiça comunitária na América Latina**: perspectivas de emancipação social. Dissertação de Mestrado em Direito. Florianópolis: Universidade Federal de Santa Catarina – UFSC, 2011.

MACHADO FAGUNDES, Lucas. **Juridicidades insurgentes**: elementos para o pluralismo jurídico de libertação latino-americano. Tese de Doutorado em Direito. Florianópolis: Universidade Federal de Santa Catarina – UFSC, 2015.

MAGALHÃES, José Luiz Quadros de; CHALFUN, Audrey Gonçalves de Castro. Novo Constitucionalismo e superação da Modernidade. **Revista da Faculdade de Direito da UFMG**, n. 66. Belo Horizonte: Universidade Federal de Minas Gerais – UFMG, 2015.

MALDONADO-TORRES, Nelson. Analítica da colonialidade e da decolonialidade: algumas dimensões. *In*: BERNARDINO-COSTA, Joaze; MALDONADO-TORRES, Nelson; GROSFOGUEL, Ramón (orgs.). **Decolonialidade e pensamento afrodiaspórico**. Belo Horizonte: Autêntica, 2020.

MALDONADO-TORRES, Nelson. Pensamento crítico desde a subalternidade: os estudos étnicos como ciências descoloniais ou para a transformação das humanidades e das ciências sociais no século XXI. **Afro-Ásia**, n. 34. Salvador: Universidade Federal da Bahia – UFBA, 2006.

MARMELO, Maria Miguel Silva. **"América Invertida" (1943) de Joaquín Torres Garcia**: uma análise e reflexão. Aula do curso de Ciências da Comunicação: Jornalismo, Assessoria, Multimédia. Porto: FLUP – Faculdade de Letras da Universidade do Porto, 2014.

MBEMBE, Achille. La colonie: son petit secret et sa part maudite. **Politique africaine**, n. 102. Liège: Karthala, 2006.

MENDONÇA, Luiz Jorge V. Pessôa de. América Latina: da desigualdade social à desigualdade econômica. **Argumentum**, v. 1, n. 1. Vitória: Universidade Federal do Espírito Santo – UFES, 2009.

MIGLIEVICH-RIBEIRO, Adelia. Por uma razão decolonial: desafios ético-político-epistemológicos à cosmovisão moderna. **Civitas – Revista de Ciências Sociais**, v. 14, n. 1. Porto Alegre: Pontifícia Universidade Católica do Rio Grande do Sul – PUCRS, 2014.

MIGNOLO, Walter D. A colonialidade de cabo a rabo: o hemisfério ocidental no horizonte conceitual da modernidade. *In*: LANDER, Edgardo (org.). **A colonialidade do saber**: eurocentrismo e ciências sociais - perspectivas latino-americanas. Buenos Aires: CLACSO Livros, 2005.

MIGNOLO, Walter D. Colonialidade – O lado mais escuro da modernidade. **Revista Brasileira de Ciências Sociais**, v. 32, n. 94. São Paulo: Associação Nacional de Pós-Graduação e Pesquisa em Ciências Sociais – ANPOCS, 2017.

MIGNOLO, Walter D. **The darker side of Western Modernity**: global futures, decolonial options. Durham: Duke University Press, 2011.

MIGNOLO, Walter D. Un paradgima otro: colonialidad global, pensamiento fronterizo y cosmopolitismo crítico. *In*: MIGNOLO, Walter D. **Historias locales/diseños globales**: Colonialidad, conocimientos subalternos y pensamento fronterizo. Madrid: Akal, 2003.

MIRANDA, Claudia; RIASCOS, Fanny Milena Quiñones. Pedagogias decoloniais e interculturalidade: desafios para uma agenda educacional antirracista. **Educação em Foco**, v. 21, n. 3. Juiz de Fora: Universidade Federal de Juiz de Fora – UFJF, 2016.

MORAES JUNIOR, Henrique de. Enrique Dussel, leitor de Hegel: uma crítica à razão dialética e uma proposta de razão analética. **Caderno Eletrônico de Resumos da IV Semana Acadêmica de Filosofia – UEPA**, v. 1, n. 2. Belém: Universidade do Estado do Pará – UEPA, 2018.

MORAES, Wallace de. As origens do necro-racista-Estado no Brasil – crítica desde uma perspectiva decolonial & libertária. **Revista Estudos Libertários – REL**, v. 2, n. 6. Rio de Janeiro: Universidade Federal do Rio de Janeiro – UFRJ, 2020.

MOTA NETO, João Colares da. Paulo Freire e Orlando Fals Borda na genealogia da pedagogia decolonial latino-americana. **Folios – Revista de La Facultad de Humanidades**, n. 48. Bogotá: Universidad Pedagógica Nacional, 2018.

MUNDURUKU, Daniel. **O caráter educativo do movimento indígena brasileiro (1970-1990)**. São Paulo: Paulinas, 2012.

NASCIMENTO, Gabriel. Entre o lócus de enunciação e o lugar de fala: marcar o não marcado e trazer o corpo de volta na linguagem.

Trabalhos em linguística aplicada, v. 60, n. 1, Campinas: Universidade Estadual de Campinas – UNICAMP, 2021.

NAZARENO, Elias. Revisitando o debate acerca da modernidade a partir da colonialidade do poder e da decolonialidade. **Revista Nós**: Cultura, Estética e Linguagens, v. 2, n. 2. Anápolis: Universidade Estadual de Goiás – UEG, 2017.

NETTO, Domingos Polini; GOMES, José de Anchieta. Do Constitucionalismo ao Neoconstitucionalismo. **Revista Eletrônica Científica da FAESB**, v. 1, n. 4. Tatuí: Faculdade de Ensino Superior Santa Bárbara – FAESB, 2017.

OLIVEIRA, Ivanilde Apoliceno; DIAS, Alder Sousa. **Ética da Libertação de Enrique Dussel:** caminho de superação do irracionalismo moderno e da exclusão social. **Conjectura: Filosofia e Educação**, v. 17, n. 3. Caxias do Sul: Universidade de Caxias do Sul, 2012.

OLIVEIRA, Thiago; CAETANO, Stella; LOUREDO, Fábio. A narrativa majoritária do empreendedorismo no Brasil: facetas da colonialidade e do racismo estrutural. **Revista Brasileira de Estudos Organizacionais**, v. 8, n. 1. Curitiba: Sociedade Brasileira de Estudos Organizacionais – SBEO, 2021.

PENNA, Camila. Paulo Freire no pensamento decolonial: um olhar pedagógico sobre a teoria pós-colonial latino-americana. **Revista de Estudos & Pesquisas sobre as Américas**, v. 8, n. 2. Brasília: Universidade de Brasília – UNB, 2014.

PORTO-GONÇALVES, Carlos Walter. Abya Yala. *In*: JINKINGS, Ivana (org.). **Enciclopédia Latinoamericana**. São Paulo: Boitempo, 2015.

QUEIROZ, Maria Isaura Pereira de. Educação como uma forma de colonialismo. **Cadernos Ceru**, v. 25, n. 1. São Paulo: Universidade de São Paulo – USP, 2014.

QUIJANO, Aníbal. Colonialidad del poder y clasificación social. *In*: CASTRO-GÓMEZ, Santiago; GROSFOGUEL, Ramón. **El giro decolonial**. Reflexiones para una diversidad epistémica más allá del capitalismo global. Bogotá: Universidad Javeriana-Instituto Pensar, Universidad Central-IESCO, Siglo del Hombre Editores, 2007.

QUIJANO, Aníbal. Colonialismo do poder, eurocentrismo e América Latina. *In*: LANDER, Edgardo (org.). **A colonialidade do saber**: eurocentrismo e ciências sociais – perspectivas latino-americanas. Buenos Aires: CLACSO, 2005.

QUIJANO, Aníbal. ¡Qué tal raza! **Revista Del CESLA**, v. 1, n. 1. Warsaw: University of Warsaw, 2000.

QUINTERO, Pablo; FIGUEIRA, Patrícia; ELIZALDE, Paz Concha. Uma breve história dos estudos decoloniais. **Arte e Descolonização**, v. 3. São Paulo: MASP e Afterall, 2019.

REIS, Graça Regina Franco da Silva; CAMPOS, Marina Santos Nunes de. Conversas de professoras, currículos pensadospraticados e Justiça cognitiva: por uma poliprática de formação docente emancipatória. **37ª Reunião Nacional da ANPEd**. Florianópolis: Universidade Federal de Santa Catarina – UFSC, 2015.

RIBEIRO, Anna Lyvia Roberto Custódio. **Racismo estrutural e aquisição da propriedade**. São Paulo: Contracorrente, 2020.

RIBEIRO, Daniel Melo. Contramapeamento indígena: aproximações entre a cartografia crítica e o decolonialismo. **Logos: Comunicação**

e Universidade, v. 27, n. 3. Rio de Janeiro: Universidade Estadual do Rio de Janeiro, 2020.

SADER, Emir (org.). **Enciclopédia contemporânea da América Latina e do Caribe**. São Paulo: Boitempo Editorial, 2006.

SALES, Carla Monteiro. Cartografia, arte e visões de mundo na reprodução do "Mapa Invertido da América do Sul". **Espaço e Cultura**, n. 39. Rio de Janeiro: Universidade Estadual do Rio de Janeiro – UERJ, 2016.

SANTOS, Boaventura de Sousa. Direitos humanos, democracia e desenvolvimento. *In*: SANTOS, Boaventura de Sousa; CHAUÍ, Marilena. **Direitos humanos, democracia e desenvolvimento**. São Paulo: Cortez, 2013.

SANTOS, Boaventura de Sousa. **O discurso e o Poder**: ensaio sobre a sociologia da retórica jurídica. Porto Alegre: Fabril, 1988.

SANTOS, Edson Bomfim dos. A luta contra o racismo e contra a decolonialidade para uma brasilidade. **IV Seminário de Ciências Sociais – PGCS UFE**. Vitória: Universidade Federal do Espirito Santo – UFES, 2019.

SANTOS, Marta Thais Leite dos; RIBEIRO, Ronaira Costa. A problemática do Estado Liberal de Direito: paradoxo no Constitucionalismo clássico. **FIDES**, v. 1, n. 1. Natal: Universidade Federal do Rio Grande do Norte – UFRN, 2010.

SANTOS, Rízia Nayla. **Direito à autodeterminação dos povos originários sob a ótica do Estado plurinacional**: as possibilidades a partir da experiência boliviana. Monografia de graduação em Direito. Lavras: Centro Universitário de Lavras, 2020.

SAUERBRONN, Fernanda Filgueiras; AYRES, Rosângela Mesquita; LOURENÇO, Rosenery Loureiro. Perspectivas pós-coloniais e decoloniais: uma proposta de agenda de pesquisa em contabilidade no Brasil. **Custos e @gronegócio on-line**, v. 13, n. 3. Recife: Universidade Federal Rural de Pernambuco – UFRPE, 2017.

SCHUCMAN, Lia Vainer. **Entre o "encardido", o "branco" e o "branquíssimo"**: raça, hierarquia e poder na construção da branquitude paulistana. Tese de Doutorado em Psicologia. São Paulo: Universidade de São Paulo – USP, 2012.

SCHWARCZ, Lilia Moritz. **Nem preto nem branco, muito pelo contrário**: cor e raça na sociabilidade brasileira. São Paulo: Claro Enigma, 2013.

SIKKINK, Kathryn. Protagonismo da América Latina em Direitos Humanos. **Sur – Revista Internacional de Direitos Humanos**, v. 22, n. 12. São Paulo: Conectas Direitos Humanos, 2015.

SILVA, Keyde Taida da; BICALHO, Poliene Soares dos Santos. Uma abordagem decolonial da história e da cultura indígena: entre silenciamentos e protagonismos. **Crítica cultural – Critic**, v. 13, n. 2. Palhoça: Unisul – Universidade do Sul de Santa Catarina, 2018.

SILVA, Renan Evangelista. **O surgimento da Ética da Libertação em Enrique Dussel**. Dissertação de Mestrado em Filosofia. São Paulo: Pontifícia Universidade Católica de São Paulo – PUC/SP, 2010.

SILVA, Rosana de Paula Lavall da; CAOVILLA, Maria Aparecida Lucca. A América Latina e os povos originários: sequelas da colonização. **Revista Direito e Justiça**: Reflexões Sociojurídicas, v. 18, n. 30. Santo Ângelo: Universidade Regional Integrada do Alto Uruguai e das Missões – URI, 2018.

SILVA, Silvane. Branco, racismo é coisa séria. **CADUS – Revista de História, Política e Cultura**, v. 1, n. 1. São Paulo: Pontifícia Universidade Católica de São Paulo – PUC/SP, 2015.

SIQUEIRA, Dirceu Pereira; CASTRO, Lorenna Roberta Barbosa. Minorias e grupos vulneráveis: a questão terminológica como fator preponderante para uma real inclusão social. **Direitos Sociais e Políticas** Públicas, v. 5, n. 1. Bebedouro: Centro Universitário Unifafibe, 2017.

SODRÉ, Muniz. Do lugar de fala ao corpo como lugar de diálogo: raça e etnicidades numa perspectiva comunicacional. **Revista Eletrônica de Comunicação, Informação e Inovação em Saúde**, v. 13, n. 4. Rio de Janeiro: Fundação Oswaldo Cruz – Fiocruz, 2019.

SPAREMBERGER, Raquel Fabiana Lopes; DAMÁZIO, Eloise da Silveira Petter. Discurso constitucional colonial: um olhar para a decolonialidade e para o "novo" Constitucionalismo Latino-Americano. **Pensar – Revista de Ciências Jurídicas**, v. 21, n. 1. Fortaleza: Universidade de Fortaleza – UNIFOR, 2016.

STRECK, Lenio Luiz. Contra o Neoconstitucionalismo. **Constituição, Economia e Desenvolvimento**, v. 3, n. 4. Curitiba: Academia Brasileira de Direito Constitucional, 2011.

TEBAR, Wilton Boigues Corbalan; AMARAL, Sérgio Tibiriçá do. Neoconstitucionalismo: superação para concretização de direitos fundamentais. **Intertemas: Revista da Toledo**, v. 16. Presidente Prudente: Faculdades Integradas "Antônio Eufrásio de Toledo" – Unitoledo, 2011.

TORQUATO, Chalini. Minorias, lugar de fala e direito à comunicação na mídia: entre o ativismo pela cidadania e a mercadorização de pautas sociais. **Intexto**, n. 52. Porto Alegre: Universidade Federal do Rio Grande do Sul – UFRS, 2021.

VALENÇA, Daniel Araújo; MAIA JÚNIOR, Ronaldo Moreira; GOMES, Rayane Cristina de Andrade. O novo constitucionalismo latino-americano: análise marxista da invisibilização da luta de classes nas investigações jurídicas críticas. **Revista Brasileira de Políticas Públicas**, v. 9, n. 2. Brasília: Centro Universitário de Brasília – UniCEUB, 2019.

VERÁS NETO, Francisco Quintanilha; SCHNEIDER, Giselda Siqueira da Silva. O ideal de bem viver: diálogo e contribuição da cultura milenar dos povos originários da América Latina. **II Seminário Internacional Imagens da Justiça, Currículo e Educação Básica**. Pelotas: Universidade Federal de Pelotas, 2014.

VERGÈS, Françoise. **Um feminismo decolonial**. São Paulo: Ubu editora, 2019.

VILHENA, Junia. A violência da cor: sobre racismo, alteridade e intolerância. Revista Psicologia Política, v. 6, n. 12. Porto Alegre: Associação Brasileira de Psicologia Política – ABPP, 2006.

WALSH, Catherine. Introducción. Lo pedagógico y lo decolonial: entretejiendo caminos. *In*: WALSH, Catherine (org.), **Pedagogías decoloniales**: prácticas insurgentes de resistir, (re) existir y (re) vivir, Tomo I. Quito: Ediciones Abya-Yala, 2013.

WOLKMER, Antonio Carlos. Para uma Sociologia Jurídica no Brasil: desde uma perspectiva crítica e descolonial. **Revista Brasileira de Sociologia do Direito**, v. 4, n. 3. Niterói: Associação Brasileira de Pesquisadores em Sociologia do Direito – ABraSD, 2017.

WOLKMER, Antonio Carlos. Pluralismo crítico e perspectivas para um novo constitucionalismo na América Latina. *In*: WOLKMER,

Antonio Carlos; MELO, Milena Petters (orgs.). **Constitucionalismo latino-americano**: tendências contemporâneas. Curitiba: Juruá, 2013.

WOLKMER. Antonio Carlos. **Pluralismo jurídico**: fundamentos para uma nova cultura do Direito. São Paulo: Alga Ômega, 2001.

WOLKMER, Antonio Carlos. Pluralismo jurídico, movimentos sociais e processos de lutas desde América Latina. *In*: WOLKMER, Antonio Carlos; LIXA, Ivone Fernandes M. (orgs.). **Constitucionalismo, descolonización y pluralismo jurídico en América Latina**. Aguascalientes/ Florianópolis: CENEJUS/ UFSC-NEPE, 2013.

ZEIFERT, Anna Paula Bagetti; AGNOLETTO, Vitória. O pensamento descolonial e a Teoria Crítica dos Direitos Humanos: saberes e dignidade nas sociedades latino-americanas. **Revista Húmus**, v. 9, n. 26. São Luiz: Universidade Federal do Maranhão – UFMA, 2019.